知られざる空港のプロフェッショナル

グランドスタッフの舞台裏

佐野倫子
Sano Michiko

交通新聞社新書 167

はじめに

私が羽田空港にて航空会社の地上職員である「グランドスタッフ」として働いていたとき、「ここは竜宮城のような場所だ」と思っていました。外の世界と時間の流れがあまりにも違うのです。のんびり極楽、という意味ではありません。むしろその逆。働くスタッフにとっては時間の流れが速くて濃密すぎる、そして1秒1秒が重すぎる、と思っていました。

搭乗口付近の無線では、絶えず切羽詰まった交信が飛び交います。搭乗手続きカウンターでは、お客さまと数十秒のやりとりのなかで、必要な手続きをすべて、しかもコミュニケーションを取りながら正確に行わなくてはなりません。朝の5時から働き始めて、次にほっとひと息ついて時計を見たらば12時、というのは日常茶飯事でした。そのくらい、基幹空港である羽田空港のグランドスタッフは時間と格闘しています。仕事は緊張感にあふれ、無我夢中でした。

その後、縁あって航空業界をテーマにした雑誌の編集者に転職し、さまざまなポジションの方にインタビューをしながら仕事をするうちに、意外なことに気がつきます。

前職のグランドスタッフとしてのスキルは、航空のプロフェッショナルとして奥深く学び甲斐のあるものでしたが、いわば「超ニッチな専門スキル」。そこで得た技術や知識は、おそらく一般企業に転職したらあまり意味をなさないだろうと思っていたのです。ところがそれは大いなる「嬉しい」勘違いでした。空港の安全と定時性を守るために最前線で身につけたスキルと心構えは、意外なことに一般企業でも充分に応用できるものだったのです。

やがて編集者として仕事をするうちに、世界でもトップレベルの水準である日本のエアラインスタッフたちの運用や接客が「竜宮城」のなかだけで活用され、「外の世界」に出てこないのは惜しいと思うようになりました。ついでにいえば、最前線の現場にはとても興味深い、そしてあまり一般には知られていないようなエピソードが目白押しなのです。その「技」と「心意気」、そして「秘話」を存分に語った本を作りたい。キャビンアテンダントやグランドスタッフ、そのほかのプロフェッショナルたちに取材していくうちに、その想いは強くなりました。

本書では、私のグランドスタッフとしての経験に加えて、航空関連雑誌の編集者、ライター、そして航空業界を舞台にした物語を執筆する作家としての知見を総動員しています。グランドスタッフを中心に、知られざる空港のプロフェッショナルたちにスポットを当て、空港の舞台裏を書いていこうと思います。

彼らはどのような仕事をして、どのようなやりがいを持ち、どのような問題を解決しているのか。そしてプライベートを含むナイショの話もできる範囲でお伝えします。

本書を読んでいただければ、「空港の仕事人たち」の素顔が身近に感じられることと思います。皆さまが空港にいらしたとき、これまでと少しだけ違う視点で彼らのプロフェッショナルぶりに接し、旅のもうひとつの感動としていただけましたら幸いです。

知られざる空港のプロフェッショナル――目次

第2章　実録！グランドスタッフ現場別レポート……61

序章

日本が誇る羽田空港とグランドスタッフの底力

東京都大田区に位置し、品川・浜松町といった山手線の駅からもアクセス良好の羽田空港。関東にお住まいであれば一度は訪れたことがあるでしょう。ビジネス・レジャーともに旺盛な需要を誇る空港で、浜松町からモノレールに乗ると、旅情が高まるという方もいらっしゃるかもしれません。

通称・羽田空港、正式名「東京国際空港」は、１９５２（昭和27）年にアメリカから返還、名称もそれまでの東京飛行場から「東京国際空港」に改められました。以来、日本の首都・東京の空の玄関として親しまれています。都心から抜群のアクセスを誇る国際空港であること、国際線発着枠の拡大を追い風に、第２ターミナル国際線施設の整備や、第３ターミナル施設の拡張を完了、日本一の利用客数を誇り、今では名実ともに日本を代表する空港となりました。

一方で、海外の主要空港と比べて、敷地面積は決して広いわけではありません。にもかかわらず、世界の航空・空港の格付け調査を行うスカイトラックスが発表した「世界のベスト空港２０２２（World's Best Airport in 2022）」の総合2位に輝いています。総合ランキングは世界５５０以上の空港を対象に、施設の使いやすさや雰囲気、デザイン、効率、空港スタッフの親しみやすさなど、39の指標で評価されています。まさに総合力。ポイントは、空港の建物などのハード面以外に、人的サービスなどソフト面も含めて高く評価されているということ。なかでも清潔さ、ホスピタリティ、定時性などが高い評価を受けています。

さらには空港利用客数世界5位（2019年／国際空港評議会ウェブサイトより）、定時出発率はなんと世界1位を誇ります（2021年／Ciriumウェブサイトより）。これほどの旅客数を抱えながらの定時出発率1位は、空港で働くスタッフ全員の努力の賜物です。

本書では、日本の空港が好評価を受けるのはなぜなのか、私が勤務したグランドスタッフの視点から探っていきます。ハード面だけに注目すれば、必ずしも非常に恵まれているとはいえない羽田空港がこれほどランキング上位にいる理由は、ソフト面に負うところが大きいのです。働くスタッフに焦点をあてながら見ていくと、そんな高い評価の理由も少しわかると思います。

世界の空港ベスト20　2022

順位	空港名	国名
1	ハマド国際空港	カタール
2	東京国際空港（羽田空港）	日本
3	シンガポール・チャンギ国際空港	シンガポール
4	成田国際空港	日本
5	仁川国際空港	韓国
6	パリ・シャルル・ド・ゴール空港	フランス
7	ミュンヘン空港	ドイツ
8	イスタンブール空港	トルコ
9	チューリッヒ空港	スイス
10	関西国際空港	日本
11	ヘルシンキ－ヴァンター国際空港	フィンランド
12	中部国際空港	日本
13	ロンドン・ヒースロー空港	イギリス
14	ドバイ国際空港	ドバイ
15	アムステルダム・スキポール空港	オランダ
16	アドルフォ・スアレス・マドリード－バラハス空港	スペイン
17	コペンハーゲン空港	デンマーク
18	広州白雲国際空港	中国
19	ウィーン国際空港	オーストリア
20	香港国際空港	中国

※世界の航空・空港の格付け調査を行うスカイトラックス（Skytrax）によるランキング（トップ20までを抜粋）

世界の空港の定時出発率ベスト20　2021

順位	空港名	国名
1	東京国際空港（羽田空港）	日本
2	シェレメーチエヴォ国際空港	ロシア
3	成都双流国際空港	中国
4	バルセロナ・エル・プラット国際空港	スペイン
5	ミネアポリス・セントポール国際空港	アメリカ
6	アドルフォ・スアレス・マドリード－バラハス空港	スペイン
7	デトロイト・メトロポリタン・ウェイン空港	アメリカ
8	ソルトレイクシティ国際空港	アメリカ
9	エルドラド国際空港	コロンビア
10	ミュンヘン空港	ドイツ
11	シャーロット・ダグラス国際空港	アメリカ
12	フィラデルフィア国際空港	アメリカ
13	サンフランシスコ国際空港	アメリカ
14	ジェネラル・エドワード・ローレンス・ローガン国際空港	アメリカ
15	ハーツフィールド－ジャクソン・アトランタ国際空港	アメリカ
16	シアトル－タコマ国際空港	アメリカ
17	ワシントン・ダレス国際空港	アメリカ
18	ロサンゼルス国際空港	アメリカ
19	シカゴ・オヘア国際空港	アメリカ
20	ジョージ・ブッシュ・インターコンチネンタル・ヒューストン空港	アメリカ

※世界の航空データ分析を行うシリウム（Cirium）によるランキング

グランドスタッフとは誰のこと?

「お客さま」として空港を訪れた場合、空港で働くたくさんのスタッフのなかで最初に出会うのが、グランドスタッフと呼ばれる人たちです。カウンターで搭乗手続きをしたり、搭乗口で誘導をしたりする制服姿のスタッフ、といえば思い浮かべることができるでしょうか。空港職員、地上職、グランドホステスと呼ばれた時代もありますが、この本では近年よく使われているグランドスタッフという呼称を使用します。

ここで、航空業界におけるグランドスタッフという仕事の変遷をたどっておきましょう。戦後当初は、フライト数が少なかったこともあり、航空会社の社員が搭乗手続き（カウンター業務）や搭乗口周辺の業務（ゲート業務）を行っていました。やがて、航空会社は空港業務をメインで行う専門職の採用を始めます。

その後、80年代~90年代にかけて、航空会社はグループ企業として旅客ハンドリングを専門に行う会社を設立し、空港業務を委託します。成田空港の「新東京旅客サービス」（現在のＡＮＡ成田エアポートサービス）、羽田空港の「ＪＡＬフロンティア」（現在のＪＡＬスカイ）などがそれにあたります。２０００年代にはいると、旅客ハンドリング業務に加えて、貨物搭載や航空機の誘導などのグランドハンドリング業務や航空機整備業務などを合わせて担う、空港ハンドリング会社の設立が相次ぎます。「ANAエアポートサービス」「ANA成田エアポートサービス」などがこれにあたります。羽田空港、新千歳空港、大阪国際空港、関西国際空港、福岡空港などで大手航空会社による空港ハンドリング会社が設立され、各社による運営がなされました。これらの会社には、旅客に対してサービスを提供するグランドスタッフのほかに、貨物の搭載や航空機の誘導などの運航地上支援を行うグランドハンドリングスタッフなども在籍しています。

すこし細かい話を挟んでしまいました。本書の概要に戻りましょう。第1章～3章では、グランドスタッフってどういう人たち？　そもそも人気がある職業？　キャビンアテンダントとの違いは？　という単純な疑問にお答えしながら、現場でのリアルなエピソードをご紹介します。私がグランドスタッフとして働いていた頃の経験に加えて、航空業界就職雑誌の編集者として知り合った方々のお話、ときに裏話を盛り込んでいます。

超人気職種・グランドスタッフのアフターコロナ

さて、すこし視点を変えてみます。「就職」という観点で見たとき、グランドスタッフというのは学生を中心に非常に人気のある職種です。エアラインのロゴとイメージを背負い、洗練された制服を身に着け、空港のカウンターで接客する姿に憧れる人は多く、採用試験の倍率は数十倍になることも。近年の国際化を受けて、とくに羽田空港などの基幹空港では英語や中国語での接客スキルも求められるため、語学が堪能というスタッフも多数。現状では女性が多いものの男性も増えてきました。エアラインのスタッフですから、清潔感と制服の統一美を大切にしていて、傍目にもとても華やかなイメージがあります。実際に勤めているのは、あくまでも私の主観ではありますが、コミュニケーション能力が高く、心身ともに人一倍元気な人が多数派です。

グランドスタッフの採用は、全国で多い年は数千人規模で行われます。若い女性が中心のため、かつては数年間で辞める方も多かったのですが、福利厚生や制度の改善、正社員採用により勤続年数は増加しつつあります。

しかし、２０２０（令和２）年に予定されていた東京オリンピック、パラリンピックを見据えて過去最高規模の採用を行った直後、新型コロナウイルス感染症の拡大が航空業界に大打撃を与えました。各社、ギリギリまで雇用を守り、出向や研修、一時的な休業制度などを設け、なんとかしのぐ日々が訪れます。

そして、少しずつ採用が再開されたのが２０２２（令和４）年。アフターコロナ時代、おそらくこれからやってくる旅行ブームや航空需要の回復を見据え、航空業界はいよいよ再始動しました。

アクシデントのさなか、果たして航空会社はどのように苦境をしのぎ、力を蓄え、作戦を練ったのでしょうか。そして国際社会が平常運転に戻ったとき、空港で働くプロフェッショナルたちに期待されるミッションは、どのように変化するのでしょうか。巻末ですが第５章では、現場の展望、航空業界が直面する問題と未来を考察していきます。

空港のプロを一挙ご紹介

そして忘れてはならないのが、グランドスタッフ以外の空港のプロフェッショナルたち。乗客から見ると、グランドスタッフが身近な存在かもしれませんが、じつはほかにもたくさんの専門スタッフが、日々空港の安全や定時性、快適性を守っています。第４章では、普段空港で目にするさまざまな職種の方の奮闘にもスポットを当てていきます。

いくつか例をあげましょう。まずは安全運航の立役者、航空整備士、そしてディスパッチャーと呼ばれる運航管理者。このあたりは少し詳しい方ならばすんなり思いつくと思います。

ほかのポジションにも目を向けてみましょう。飛行機が飛び立つ直前、滑走路一帯、制限区域と呼ばれるエリアでスタッフが一列に並んで手を振っているのを目にしたことはありませんか？　彼らはグランドハンドリングスタッフと呼ばれ、航空機の運航を支える運航地上支援業務を担っています。具体的には、航空機を誘導したり、貨物を航空機に搭載したり、給油をしたり、仕事は多岐にわたります。直接乗客と話す機会は少ないものの、安全運航を守るために、極めて重要なミスの許されないポジションです。

ほかにも、公務員である航空管制官、税関職員、入国審査官、少し視点を変えて、保安検査員や空港インフォメーションカウンタースタッフなどもご紹介します。

空港スタッフの根底にあるもの

ところで、私はかつてグランドスタッフとして働き、その経験を活かして航空関連の書籍を多く扱う出版社で編集業務に携わり、のちに作家・ライターとなりました。航空業界のさまざまなポジションの方に十数年にわたり取材をし、記事にまとめています。そのなかで、彼らの核となる共通点を発見しました。

それは、空港で働くスタッフは、シンプルに空港や飛行機が好き、ということです。

そこに理屈はありません。とにかく好き、見ているとワクワクする。小さい頃の感激を、旅に出るときの高揚感を、ずっと胸に抱いて仕事にした人たちです。そして同時に、日本が世界に品質を誇る航空会社の一員として、安全運航を守っているのです。その業務遂行能力は、一般企業で働く人にも充分に汎用性のある、いわば一流の仕事人のそれでした。私自身、グランドスタッフから編集者、そしてフリーライターと仕事が変わるなかで、空港で身につけた仕事の進め方やマインドが大いに役に立ってきました。

それもそのはず、空港のプロたちは、決してミスの許されない、乗客の命を預かる仕事を担っています。そして、そのうえで両立が困難な、最高品質のサービスミッションがあります。世界の航空会社を見渡しても、そのふたつをこれほどの高いレベルで維持している例は多くありません。その証拠に、冒頭でご紹介したとおり、日本の空港と働くスタッフは世界的にみてもトップレベルの評価を受けています。

根底にあるのは、彼らの熱く、純粋なハートであることが多い。飛行機が好き、旅が好きな「元・空港や飛行機のファンである乗客」だからこそ、安全を守りながら、乗客の気持ちに寄り添い、リクエストに応えたいという使命感が備わっているのです。とてもシンプルに。

そんな彼らの仕事観、プロフェッショナルとしての矜持の物語が、素晴しくないはずがありません。私はいつも、インタビューのたびに感心していました。そして自分もそうだったように、スキなことを指標にして仕事に就くということは、心楽しく、健全なことなのだと背中を押されるような気がしました。

飛行機ってカッコいい。
空港ってワクワクする。
空の旅は快適、安全。

それを守っているのが、グランドスタッフであり、空港のプロフェッショナルたちです。そんな彼らの仕事術には、面白い話、感動できるエピソード、学ぶべき姿勢などが詰まっていました。奇しくもコロナ禍を経て、苦境をしのぎ、冬の間に力を蓄えた彼らの快進撃はもうすぐ始まることでしょう。本書を読んだ方が、そのエッセンスを知り、ときにほろりと、ときに膝を打ちながら、これからの空の旅をさらに楽しんでいただければ幸甚です。

第1章

宿命の対決!?
キャビンアテンダントVS
グランドスタッフ

乗客から見て、航空会社の制服を着たスタッフといえば思い浮かぶのはキャビンアテンダントとグランドスタッフではないでしょうか。機内と空港という違いはありますが、乗客にサービスをしながら安全・定時運航を守る航空業界の職業として、思い浮かぶこのふたつの仕事。この章では、両者を対比することで、それぞれの特性を浮き彫りにしていきます。

「制服は似ているけれど……」ここまで違う仕事内容

【キャビンアテンダント】

キャビンアテンダントのおもな仕事場は航空機内です。仕事は大きく分けてふたつ。運航の安全を守る「保安業務」と、乗客のケアをする「サービス業務」です。

保安業務とは、ひとことで言えば機内の安全を守る仕事。設備を確認し、乗客が安全に空を旅できるよう案内し、緊急時にはスカーフを取って乗客を迅速に誘導します。サービス要員のイメージが強いですが、第一のミッションは保安業務。そのため、座席数に応じて1機ごとに必要なキャビンアテンダントの人数は法律により定められています。航空会社によって勝手に減らすことはできません。

対してサービス業務は、飲食物の提供、機内販売、アナウンス、そのほか乗客が快適に空の旅を楽しめるように接客をします。このふたつはときに両立が困難なシーンもありますが、そこは腕の見せ所。

具体的な仕事の流れを見てみましょう。まず各自のシフト表に従って指定の時間に空港にショーアップ（出社）します。そのままオフィスにて、フライトごとのメンバーで顧客情報を含むブリーフィング（打合せ）後、機内に移動。このときの、空港で颯爽とキャリーを引いてコンコースを歩くキャビンアテンダントの姿は、いつの時代も注目を集めますね。

機内に入ると、パイロットやグランドスタッフと再びブリーフィングをして、乗客を迎える準備を始めます。搭乗時刻の30〜40分前にスタートし、手際よくギャレー（厨房設備）や荷物棚を整え、確認していきます。メンバーは、航空会社によってはその日初めて会ったキャビンアテンダント同士などということもしばしば。そのような状況でも、正確に準備をし、円滑にコミュニケーションをとる必要があります。

準備が完了すると、いよいよ乗客を迎えます。その際に、気になることがないかを注意深く観察しながらも、乗客が手荷物を頭上の棚に入れる手伝いをしたり、出発が近づくと非常口となるドアのモードを変えたりします。そのフライトの客室責任者を務めるキャビンアテンダントは、チーフやパーサーと呼ばれ、機内アナウンスも担当します。

いよいよドアクローズして出発、水平飛行に入ってからは、イヤホンなど備品の配布、飲食物のサービス、機内販売など、乗客との接点がもっとも多いシーンです。フライトタイムによっては、非常にあわただしくなりがちですが、そのような気配を出さずに笑顔でサービスをする姿はキャビンアテンダントのイメージそのもの。また、読者の皆さまが一生遭遇しないことを祈りますが、万が一緊急事態が起きたときこそ、キャビンアテンダントの真価が発揮されます。普段は目にすることはありませんが、キャビンアテンダントは入社すると乗客の安全を守るために数カ月に及ぶ厳しい訓練を受けることになります。また、航空会社はキャビンアテンダントに対して年に1回は必ず訓練所にてリカレント（学び直し）訓練と呼ばれるチェックを行い、保安体制を万全にしています。

キャビンアテンダントの仕事と、そこから導かれる適性

◎仕事場は機内。高度1万mで気圧が低く、乾燥している特殊な環境のなかでの立ち仕事のため、健康であることが非常に重要。地上では少しの体調不良も、機内では増幅してしまうことも。心身ともに健康であること、働き続けるために健康管理意識が高いことが求められる。
◎頭上のストレージ（収納スペース）に手荷物を上げたり、ギャレーで物を収納したりする必要があることから、ある程度の身長（目安は155㎝程度以上、腕を伸ばした状態で202㎝以上など航空会社によって基準は異なる）が望ましい。
◎初めて会った同僚とも、密室空間でチームプレーが求められる。コミュニケーション能力が大切。とくに、同僚が多国籍な外資系航空会社では、自分の意見やコンディションをしっかりと伝えるスキルが非常に重要。

【グランドスタッフ】

一方、グランドスタッフの仕事内容を見てみましょう。
言うまでもなく、グランドスタッフの職場は空港です。職場のスケールの大きさに伴って、業務内容はじつに多彩です。

大きく分けるとカウンター業務とゲート業務、コントロール業務が挙げられるでしょう。そのほかにも、ラウンジ業務、手荷物サービス業務など、厳密にいえばポジションの数だけ仕事があります。

乗客の立場で目にする機会が多いのはカウンター業務（搭乗手続きや案内業務）と、ゲート業務（搭乗口での業務）です。近年は自動チェックイン機の導入で、必要なスタッフ数は減少したとはいえ、航空券のペーパーレス化やＷＥＢチェックインの台頭によって、旅慣れていない人や高齢者に対する対面案内のニーズは高まっています。カウンターを訪れる乗客は、特殊な事情を抱える人、時間がない人、トラブルを抱える人など、シチュエーションやリクエストがバラバラ。この点では、搭乗手続きを終え、とりあえずは空の旅に意識が集中している人が大半の飛行機内とは大きく異なります。それが故に、カウンター業務でのグランドスタッフは乗客とのファーストコンタクトで、あらゆる角度から情報を収集し、解決することが求められます。カウンターでは航空券を受け取り、当該便にチェックインをします。座席に関してリクエストがあれば、できるだけそれを汲んで調整しますし、ときには乗客が意識していない事情を聞き取ってサポートを手配したりもします。

ゲート業務では、グランドスタッフは担当するフライトの搭乗開始40分ほど前に待機し、改札の準備をします。車椅子など、特別なケアが必要な乗客の座席情報などをキャビンアテンダントと共有し、機内準備の進捗を確認、搭乗開始時刻をアナウンスします。空港は広いので、チェックインしたものの、搭乗時刻になってもゲートに現れない乗客も。そのようなときは、空港中を走り回って探すことも稀ではありません。1分を争う時間との勝負なので、定刻に全員を案内し、ドアクローズできたときの喜びは格別。笑顔でパイロットに手を振る、グランドスタッフの晴れ晴れとした表情を目撃した方もいらっしゃるかもしれません。

最後にコントロール業務について紹介しましょう。バックオフィス業務とも呼ばれ、とくに責任が重く、おもに数年以上の経験を積んだグランドスタッフが中心になって担当します。チケットを集めて計上、各フライトの重要な情報をまとめて各所に通達、トラブル発生時には状況を報告・分析し、出発・到着するフライトのスケジュールを遅らせるなどの調整もします。運航に関わる仕事はもちろん、フライト前の準備として、特別なケアが必要な乗客の席をあらかじめ決めたり、機内食を調整したり、細やかに対応します。

スタッフは、日によってどの業務を担当するかが変わります。入社後から段階的に訓練を受け、担当できる業務を広げていくのが一般的です。

グランドスタッフの仕事と、そこから導かれる適性

◎仕事場は空港。大きな空港では広大なコンコースを、縦横無尽に行き来して接客する業務も多く、体力があること、健康管理ができることがとても重要。繁忙期には、カウンターにひとたび入ると数時間立ちっぱなしで接客することも。また、空港ではクレームに対応することも日常茶飯事。過酷な状況でも笑顔で接客できる心身のタフさが必要。

◎航空券の種類の判別や販売、プライオリティゲスト（優先的に配慮が必要な方）のケアを手配するなど、日々アップデートされる詳細な知識の習得と細やかな気遣いが求められる。規定は少しずつ変化するため、常に勉強をする向上心、好奇心、そして判断の速さが必要。

◎空港という、さまざまな状況が発生しうる環境で、その都度的確な判断を下す必要がある。報告・連絡・相談ができるコミュニケーション能力と判断力が重要。

いつの時代も華やか！　制服&ヘアメイク事情

【キャビンアテンダント】

かつてキャビンアテンダントに取材をしたときに「制服の着こなしで心がけていることはありますか？」と伺ったことがあります。そのときにとても印象的な言葉がありました。「このスカーフは、キャビンアテンダントの象徴だと思っています。だから清潔感を大切に、できるだけ華やかに、決して乱れることのないように、1時間に1回は鏡でチェックしています」

制服は、私たち乗客のみならず、キャビンアテンダントにとっても大切なアイキャッチ、いわば〈象徴〉なのだと実感した言葉でした。それだけに、航空会社は自社のブランド理念や会社としての特徴を出すために、制服にはとても力を入れています。有名なデザイナーに依頼したり、社員と協働して現場で着用しやすい素材を使ったり、趣向を凝らします。

機内では高い場所にあるものを取ったり、しゃがんだりすることが多いので、素材に伸縮性があり、体温調節がしやすい制服であることが必須です。また、幅広い年代の乗客が見て好ましく思うデザイン性も求められるでしょう。

キャビンアテンダントに支給されるアイテムは会社によって異なりますが、機内に持ち込むバッグや寒冷地用にコートなどが支給される会社もあります。ワンピースタイプや、色違いのブラウス、責任者が着用する専用のジャケットなど、個性や役職に応じたバリエーションも。また、ジェンダーレスで多様性のあるファッションを目指す近年の取り組みから、パンツタイプや、パンプスではなくスニーカーなどのアイテムも登場しています。

次にヘアメイクを見てみましょう。キャビンアテンダントといえば、清潔感がありきちんとしたメイクに、髪の毛をお団子のようにまとめたシニヨンヘアが思い浮かびます。これは、照明の暗い機内でも表情が明るく見えるように比較的濃くメイクをして、飲食物を扱うスタッフとして頭髪をまとめ、清潔感を大切にするという事情があります。キャビンアテンダントは研修として、制服に合うヘアメイクをしっかりと指導されます。日系のエアラインの多くは、頭髪は黒髪が基本で、染髪をする場合も明るさのトーンに規定がある会社が多数派です。航空会社によっては、シックで洗練されたイメージのある縦にまくタイプのまとめ髪、いわゆる「夜会巻」は、入社5年以上、なんていう不文律があることも。新人はシニヨンをまずマスターして、ということでしょうか。毎朝まとめ髪をつくるうちに、ものの1分ほどで上手にくるくると完璧なヘアスタイルを作れるようになるそうです。

キャビンアテンダントの制服とヘアメイク

制服は、有名デザイナーに依頼したものが多い。照明が暗い機内でも、表情が明るく見えるようにメイクは比較的濃い。食品を扱うことから、清潔感を大切に、頭髪は肩につく長さからはまとめるように指示がある航空会社が多数。

【グランドスタッフ】

グランドスタッフの制服は、キャビンアテンダントの制服と同じように見えることが多いもの。しかし、細部を見ればほとんどの航空会社で違いがあります。

グランドスタッフは、空港で乗客を案内したり探したりするため、移動距離が長く、ときに走りまわることも。その分制服も動きやすい作りになっています。スカートはキャビンアテンダントに比べるとプリーツなどでゆとりを持たせている会社が多数。また、多くの会社で女性スタッフにもパンツタイプを採り入れています。じつはキャビンアテンダントは、妊娠が判明したその日から、機内の環境が特殊なため乗務を外れることになりますが、グランドスタッフは負担の少ないポジションやデスクワークを中心にすることで、一般企業と同様に数カ月前まで勤務します。そのために、マタニティタイプの制服がある会社も。

また、コートなどの防寒具については、外気に触れるスポットの業務用に、オフィスに共用で置いてあることが多いようです。管理職になり、責任あるポジションになると、私服のスーツを着用することもあります。歩いたり走ったりすることが多いので、より各自が使いやすいものをという配慮から、靴は規定の範囲内で自由であることがほとんどです。

また、グランドスタッフのヘアメイクも、キャビンアテンダントと同様に清潔感と華やかさが求められます。空港を縦横無尽に走るグランドスタッフは、さっと直せるショートやショートボブスタイルも人気です。アクセサリーに関しては、キャビンアテンダントほど厳しくない会社が多い印象です。

グランドスタッフの制服とヘアメイク

業務中に走ることもあるグランドスタッフの制服は、キャビンアテンダントのものよりも動きやすいように工夫されていることが多い。清潔感と統一美を大切に、明るいヘアメイクが基本。汗をかいて崩れやすく、メイク直しの時間も取りにくいので、崩れにくいパウダーやリップを使うなど工夫をするスタッフも。

盆も正月もなし⁉　航空業界の独特なシフト

【キャビンアテンダント】

勤務はフライトの組み合わせによって決定するシフト勤務制。国内線・国際線によっても変わりますが、日帰りから、2泊3日や3泊4日、場合によってはそれ以上をひとまとまりに、2日程度の休日を挟み、シフトパターンが繰り返されます。土日祝日は関係なく勤務が入るので、「お正月がお休みだったことはこの数年ありません」という声も。

最大の特徴は、宿泊を伴うシフト、いわゆるステイを含む勤務だということ。月の3分の1はホテルに宿泊することも多く、国内線であれば日本各地の就航地、国際線であれば世界各都市の就航地を訪れるチャンスがあります。一方で、ホテルを転々とするライフスタイルが向いていない人には、少々大変な仕事といえます。また、時間帯はフライトによって異なるので、朝の5時にショーアップ（出社）、24時にようやく退勤、ということも。不規則になりがちな勤務体系ですが、平日が休みなのでどこかに行くときに空いている、というメリットがあります。特殊な勤務体系なので、健康管理ができて、日々の変化やバリエーションをポジティブに楽しめる人に向いています。

キャビンアテンダントの勤務体系と、そこから導かれる適性

宿泊を伴う不規則なシフトのため、健康管理が大切なミッション。世界各国、日本各地を飛び回るので、変化に強く、現地の食事や文化の違いを楽しめるタイプに向いている。

【グランドスタッフ】

多くのスタッフが4勤2休で働いています。早番・早番・遅番・遅番・休み・休みを1セットとして、曜日に関係なくシフトパターンを繰り返します。空港のオープン時にはチェックインカウンターを開けて乗客を待たなくてはなりませんから、早番のなかには朝の４時半にタクシーで出勤というシフトも。遅番は、午後からの勤務開始となり、21〜24時くらいに退勤というパターンが多いものの、その日担当する業務によって異なります。羽田空港のように24時間稼働している空港の場合、深夜のシフトが入ることもあります。

グランドスタッフにはステイはありませんから、時間は不規則ですが自宅には毎日帰ることができます。

参考に、羽田空港と成田空港でＪＡＬの空港業務を担う、ＪＡＬスカイにおける２０２３年度入社新卒採用の勤務形態などを抜粋します。

◆勤務形態：土・日・祝日を含む交替制（シフト）勤務

（原則として、勤務４日、休日2日のパターンとする）

※但し、将来的に配属先によっては、平日週5日の普通勤務形態もあり

◆休日数：年間１１０日

◆所定就業時間：月間の平均実働時間１５８時間

以下の時間帯のうち、早朝・深夜を含む原則1日あたり実働7時間25分

◆勤務対象時間：

東京国際空港勤務　０時～24時の間　成田空港勤務　５時30分～24時の間

◆住居等：

公共交通機関がない時間は、一定の範囲内で送迎制度あり

入寮希望者は空き状況に応じて会社が指定する寮に居住可能

空港近辺に居住の場合、一定の条件を満たせば住宅補助制度あり

（株式会社ＪＡＬスカイ　２０２３年度新卒正社員メインベースコース採用ウェブサイトより抜粋）

グランドスタッフの勤務体系と、そこから導かれる適性

早朝から深夜、空港によっては24時間体制のシフトのため、健康管理が大切。カレンダーに関係なく、独特の４勤２休シフトで動くので、６日周期となり、家族や友人とリズムが合わない場合も。平日の休みや、早ければ昼すぎに終わる早番勤務、午後から出勤する遅番など独特のシフトを、ポジティブに捉えて、メリハリをつけて楽しめる人に向いている。

所属会社はさまざま……雇用と待遇

【キャビンアテンダント】

基本的には航空会社に、正社員または一部契約社員として雇用されています。2000年代に入り、大手航空会社を筆頭に、キャビンアテンダントは3年間の契約社員を経て、要件を満たした場合に正社員化するという流れがありましたが、近年では最初から正社員で採用するのが主流になってきました。良い人材を確保するための施策ですが、志願者には朗報といえるでしょう。

給与については、初任給で18万円程度から。参考に、2023年度入社のJAL客室乗務職における、新卒採用の募集要項に掲載された初任給などを見てみましょう。

◆初任給

18万8000円（上記に加えて乗務時間に応じた乗務手当や各種手当あり）

◆**昇給**

年1回

◆**賞与**

年2回（夏季・年末）※2020年度実績

◆**その他**

寮・社宅制度、各種社会保険など

（JAL採用ウェブサイトより抜粋）

バブル時代の華やかなキャビンアテンダントのイメージをお持ちの方には、意外にも一般的な新卒の給与と変わらないのだなと感じられるかもしれません。しかし乗務手当やパーディアムと呼ばれるいわゆる出張手当がつくため、訓練を終了し、フライトが始まれば手取り額は増えるでしょう。平均的な年収は400〜500万円程度です。キャビンアテンダントに取材をすると、しばしば「お給料とパーディアムは別の口座に入るように手続きをしています。そうしないとステイのたびに散財してしまって、ちっとも貯金ができないので」と茶目っ気たっぷりに話してくれます。ステイで全国、あるいは世界中を巡るため、ショッピングやグルメにお金をかけたくなってしまうのもうなずけます。

大手国内航空会社の場合、管理職に昇進すると、８００万円以上の収入になることもあるので、女性が長く働くための環境が整っているということができるでしょう。

キャビンアテンダントの雇用・待遇

近年の大手航空会社の主流は正社員採用。外資系航空会社や、ローコストキャリア（ＬＣＣ）では契約社員採用も多い。地方から上京してきて一人暮らしをする場合は、住宅手当がある大手航空会社を選ぶのがベター。また、海外ベースの外資系航空会社の場合は、寮やコンドミニアムを提供してくれる会社もある。

【グランドスタッフ】

現在多くの航空会社が、グランドスタッフの採用をしておらず、グループ企業である旅客ハンドリング会社が採用を行っています。以前は契約社員での雇用が主流でしたが、近年の潮流を受けてキャビンアテンダント同様、正社員での雇用が増加しています。とくにＪＡＬグループ、ＡＮＡグループの旅客ハンドリング会社や空港業務運営会社のほとんどが、現在では正社員として雇用しています。ＬＣＣや地方の総代理店と呼ばれる、航空会社から空港関連業務を受託している地元企業の場合は契約社員も多いでしょう。

給与については、初任給で18万円程度。一般企業と同程度のスタートですが、大手航空会社のグループ企業であれば福利厚生が手厚く、その恩恵は大きいといえます。キャビンアテンダントと異なるのは、乗務手当やパーディアムがないので、手取りは比較すると少なくなることが多いようです。正社員の平均的な年収は３００万円程度、契約社員の場合は時給１０００円程度でしょう。例としてＡＮＡエアポートサービス株式会社の２０２３年度入社新卒募集要項における給与などの項目を見てみます。

◆基本給

18万6１００円（大卒22歳初任給モデル 諸手当含まず）

※入社後、試用期間3カ月間あり　※3％の減額措置を実施中（２０２2年3月時点）

◆昇給

あり（勤続年数、前年度の人事評価による）

◆賞与

あり（年2回）、業績特別金（業績特別金は業績により支給有り）

◆諸手当

世帯調整手当、近隣住居優遇手当、時間外・休日労働・深夜業・変則勤務・祝日出勤・年末年始手当、インターバル手当、通勤補助手当等

◆福利厚生

ANAグループ健康保険、各種社会保険完備、ANAグループ優待航空券制度、独身寮制度、ANAショッピング A-style、ベネフィットステーション、クラブ活動、ANAAS共済会

（ANAエアポートサービス株式会社採用ウェブサイトより抜粋）

以前は、一人暮らしをしていると少々厳しいという声もありましたが、近年は正社員での採用や、寮設備がある旅客ハンドリング会社が増え、選択肢が広がりました。また、時間帯、曜日や祝日に関係なく勤務するため、シフト勤務手当、祝日勤務手当などが加算されることもあり、給与面の心配はさほどいらないでしょう。

グランドスタッフの雇用と待遇

旅客ハンドリング会社または空港業務運営会社に正社員として雇用されるのが一般的。ＬＣＣや外資系航空会社、地方の空港の総代理店などは契約社員としての雇用も。空港は郊外であることも多く、一人暮らしが必要な場合は寮設備の有無もポイント。

どんな人が採用される？　応募資格

【キャビンアテンダント】

キャビンアテンダントの採用倍率は、10～30倍ほどに及ぶことがあります。それほど高倍率な人気職業の応募資格はどのようなものなのでしょうか？

キャビンアテンダントに必要なものと聞いてパッと思い浮かぶのは、英語力と身長ではないでしょうか。本当にそれが規定されているのかどうか、実際の２０２３年度入社ＪＡＬ客室乗務職における、新卒採用の応募資格を見てみましょう。

◆応募資格

（1）2020年4月~2022年3月までの間に専門学校・短期大学・高等専門学校・4年制大学または大学院（修士課程）を卒業・修了されている方。

（2）2022年4月~2023年3月までの間に専門学校・短期大学・高等専門学校・4年制大学または大学院（修士課程）を卒業見込みの方。

※学部学科等の指定はございません。

※就業経験のある方は、エントリーシートに必ず職務経歴をご記入ください。

（3）2023年4月以降、会社の指定する時期に入社できる方。

（4）呼吸器、循環器、耳鼻咽喉、眼球、脊椎等が航空機乗務に支障なく、必要な体力を有し、心身ともに健康な方。裸眼またはコンタクトレンズ矯正視力が両眼とも1.0以上の方。

（5）土曜・日曜・祝祭日、年末年始を問わず、早朝および深夜を含む変形労働時間制での勤務が可能な方。

（6）国際線に乗務するまでにパスポートの取得が可能であること。

（7）TOEIC600点以上、または同程度の英語力を有することが望ましい。

（JAL採用ウェブサイトより抜粋）

ご覧の通り、身長に関する記載はありません。近年では、身長を厳密に規定する航空会社は少数派になりました。大型機材を運航する会社では、頭上の荷物入れに手が届くように、爪先立ちで片手を伸ばした状態で何㎝以上、などを基準とするところもあります。実際には身長が低いと、高いところに荷物を入れるときに体に負担がかかってしまうため、155㎝以上の合格者がほとんどです。

学歴に関しては、「高卒以上」「短大・専門卒以上」「四年制大学以上」など航空会社によって異なりますが、日系の多くの会社が、専門・短大卒以上であれば応募可能です。

英語については、基準としてTOEICのスコアを示す会社も多くあります。とくに外資系航空会社ではトレーニングも英語で受けなければなりませんので、スコア以上に実際に英語をいかに使いこなせるかは重視されます。

外資系の航空会社の例として、2022年3月発表のエミレーツ航空の応募資格も見てみましょう。

◆応募資格

［学歴］高卒以上
［年齢］21歳以上
［身長］アームリーチ（爪先立ちで片手を伸ばした状態）で、最低212㎝まで届くこと、
身長160㎝以上
［健康］航空機乗務に際し、健康状態が良好であること
［視力］視力が良好であること（コンタクトレンズ可／矯正視力1.0以上、眼鏡不可）
［語学］英語が堪能であること
［経験］接客業務経験があれば尚可
［適性］前向き思考で、チームワークを守りながらすばらしいサービスを提供できる能力を持った方、そして、様々な文化背景を持った人々に対応出来る方
＊制服着用の際、見える箇所に刺青がないこと
＊ファイナルインタビューから3カ月以内にドバイでのトレーニングに参加できる方
（2022年エミレーツ航空採用ウェブサイトより抜粋）

エミレーツ航空は、ドバイをベースとするアラブ首長国連邦の航空会社です。豪華なキャビンやラウンジがたびたびニュースになるので、ご存知の方も多いかもしれません。同社は世界各国からキャビンアテンダントを募集し、ドバイでトレーニングをしています。採用後は、日本人も日本線に限らずエミレーツの世界中の路線に乗務できることから人気のエアラインですが、当然求められる英語力はハイレベル。必要資格は明記されていませんが、インタビューは英語で行われ、読む・聞く・話す、総合的な英語力が必要です。

ちなみに、ここで挙げられている条件以外に、どのような人が合格する傾向にあるのでしょうか？　取材を重ねて見えてきたことは、国際的な環境に身を置いたことがあり、ある程度、異文化者と協働した経験は評価されているようです。外国籍者同士が一緒に働くのは、予想以上に難しいこと。とくに日本人は自己主張を控える傾向にあるので、過度にストレスをためてしまいかねません。そのため、適応力があり、積極的に他者とコミュニケーションを取り、問題を解決できるタイプの人が多いようです。

また、航空会社が、日本人キャビンアテンダントをどのような位置づけで採用するのかにもよります。日本路線専用のキャビンアテンダントとして活躍が期待されている場合は、より日本的な細やかなサービスが得意そうな人、国籍に関係なく全路線飛ぶ航空会社は、とにもかくにも英語力と物怖じしない胆力が求められるでしょう。飛行機に乗ったときには、ぜひ外資系航空会社の日本人キャビンアテンダントがどのように活躍しているのかにも注目していただければと思います。

キャビンアテンダントの応募資格

かつては身長１６０㎝以上、などと明記されることが多かったが、昨今は厳密ではなくなってきている。とはいえ、大型機を中心に運航する航空会社では１５０㎝台後半以上が望ましい。最終試験では一般の身体検査よりも項目が多い検査が行われるため、乗務に支障がない程度に健康であることが求められる。学歴は航空会社によるが、おおむね専門学校・短大卒以上であれば受験可能。外資系航空会社はビザの取得要件が関わるため、学歴は会社による。

【グランドスタッフ】

グランドスタッフも人気職種であるため、倍率は10～20倍程度に及ぶことが多いのですが、キャビンアテンダントよりも採用数が多いため、倍率は多少抑えられる傾向にあります。多くの会社が専門学校卒以上で応募可能です。JALスカイにおける2023年度入社新卒採用の応募資格を見てみましょう。

◆応募資格

(1) 2020年4月～2022年3月までの間に4年制大学または大学院、短期大学、専門学校、高等専門学校を卒業・修了されている方

(2) 2022年4月～2023年3月までの間に4年制大学または大学院、短期大学、専門学校、高等専門学校を卒業・修了見込みの方

英語能力：英検2級、もしくはTOEIC550点程度以上の英語力を有する方が望ましい。

（株式会社JALスカイ　2023年度新卒正社員メインベースコース採用ウェブサイトより抜粋）

例に挙げたＪＡＬスカイの応募資格は、一般的なグランドスタッフとほぼ共通するものです。キャビンアテンダントとの違いは、身長による仕事上の不便がほぼないため、そのような項目がない点。英語力に関しては、応募の際に明確にＴＯＥＩＣの基準点を示す会社や、採用試験時に英語のテストがある会社も。いずれにせよ、インバウンド需要を見据えて英語のみならず外国語を操る能力は大きく評価されるでしょう。

グランドスタッフの応募資格

インバウンド需要を見据えて、語学力はどこの会社でも歓迎される。資格試験の証明書は必ずしも必須ではないが、採用試験で英語の筆記試験が行われることが多い。学歴はおおむね専門学校・短大卒以上であれば応募可能。

超高倍率の採用試験とは?

【キャビンアテンダント】

では、高倍率といわれるキャビンアテンダントの採用試験では、実際どのようなことが行われているのでしょうか。

通常の航空会社では、WEBエントリーを経て、書類選考、グループ面接、簡易身体検査、個人面接、英語試験、詳細な項目を含む身体検査などが2~3回の採用試験に分けて行われます。

事実上の天王山は2次試験であることが多く、ここで一気に10分の1ほどになることも。最終試験までくれば、2倍程度であることが多いですが、もちろん最終試験、どの受験者もハイレベルかつ本気の志望度のため、「最終だから意思確認程度」などと思って行くと、痛い目を見てしまいます。

面接では、実際にキャビンアテンダントになって制服を着て乗務をしたときどうなるか?といういわば「乗客目線」で選考されるのが特徴です。したがって、受験生は清潔感のある身だしなみや爽やかで親しみやすい雰囲気を意識して選考に臨むことになります。

このように少々特殊な選考試験のいろはを学び、対策をするために、航空業界受験スクールや専門学校に通う人もいるほど。キャビンアテンダントを多く輩出する大学では、航空業界への就職をバックアップする学科や、セミナーで指導することもあります。

具体的には、応募書類の書き方、添付する応募写真のポイント、面接の立ち居振る舞いなどを学ぶことができます。

一般的な日系航空会社における
キャビンアテンダントの採用試験

1次
エントリーシートやWEB登録フォーマットによる書類選考

2次
グループ面接
（5人程度のグループ面接、またはグループディスカッション）

3次
個人面接

※1～3次で筆記試験や英語試験、簡易健康診断・体力検査、乗務に支障がないかを見るための身体検査などを実施

※身体検査の内容は、身長・体重、視力、聴力（インピーダンス検査：耳の中に圧力をかけて、耳の中の状態を調べる検査）、血液検査、レントゲン、耳鼻科検診

キャビンアテンダントの採用試験における注意点

一般企業にはない面接の雰囲気や質問もあるので、事前に準備をしっかりしておくこと。具体的には受験スクールに通う、航空業界就職情報誌を読み込む、OG・OB訪問をするなど。高倍率なので、1回で合格できる人は稀。並行してさまざまな会社を受けること、既卒募集で受験することも視野に入れる。

【グランドスタッフ】

グランドスタッフの応募要件には、身長や視力などの身体的要件は、業務に支障がない程度であれば問題ないと考えてかまわないでしょう。代わりに重要視されるのは、コミュニケーション能力や対応力、仲間と協働できるかどうか。それを2〜3回の採用試験を通してじっくりとみられることになります。

面接では、もちろん専門知識は必要ありませんが「お客さまからクレームを受けたらどのように対応しますか?」など、グランドスタッフの仕事に関して、イメージや憧れではなく、ある程度理解をしているかどうかを確認する質問があります。華やかに見える仕事ですが、実際は体力勝負で、大きな責任を伴うハードな仕事。会社はイメージ先行で受けに来ていないかどうかを知りたいと考えています。外からは仕事の全容が見えにくいので、OG・OB訪問など、実際に働いている人の話を聞いておくのが有効な対策です。

一般的な旅客ハンドリング会社における
グランドスタッフの採用試験

1次
エントリーシートや
WEB登録フォーマットによる書類選考

↓

2次
グループ面接
(5人程度のグループ面接、またはグループディスカッション)

↓

3次
個人面接

※1～3次で筆記試験や英語試験を実施

グランドスタッフの採用試験における注意点
試験は一般企業の試験と大きくは変わらないが、身だしなみや親しみやすさを見られていることに留意。学生時代に頑張ったこと、接客アルバイトの経験などは評価される。

グランドスタッフに求められる〈多様な対応力〉

ここまで比較してきてわかるように、キャビンアテンダントとグランドスタッフは同じ航空会社の接客業ですが、職場や仕事の性質の違いから発生するさまざまな相違があることがわかります。

共通していることは、公共交通機関として、第一の使命が保安、ついでサービスの提供であること。常に笑顔で接しているイメージがありますが、両者ともに、安全を脅かす可能性があるときには毅然と対応します。乗客の立場では、ついサービス上で融通をきかせてほしいという気持ちもありますが、彼女たちが厳しい対応をしたときは、フライトの安全・定時性を守るためだとご理解いただければと思います。

そして、実際にグランドスタッフとして働き、また取材者という第三者として両者を観察して感じることは、グランドスタッフが対処するお客さまの状況は、非常に幅広い、ということです。キャビンアテンダントのミッションは、非常時を除いて、すでに手続きを済まされ、あるひとつの場所に向かうという状況の方に、快適にお過ごしいただくこと。対してグランドスタッフは、まだチケットをお持ちでない方、キャンセルするかもしれない状況の方、乗り遅れて途方に暮れている方など、状況がさまざまなのです。当然、対応するほうも、さまざまな解決策を提供できるように、事務能力や情報処理能力、もちろん接客力などが求められます。オールラウンダーとでもいいますか、丁寧であることのほかに、多角的な視点、解決能力が求められるのです。もちろんキャビンアテンダントもサービス要員である前に保安要員ですから、両方の適性が必要ですが、グランドスタッフに求められるものはさらに多様だと感じました。

ここまで読んでいただいて、「多様というけれど、グランドスタッフってチェックイン以外にどんな仕事をしているの？」と疑問を抱いた方もいらっしゃるかもしれません。

その詳細は、次の章でじっくりと現場をレポートしたいと思います。

Column

グランドスタッフとキャビンアテンダント、お互いをどう思っている？

同じ業界でありながら、じつはあまり接点がないキャビンアテンダントとグランドスタッフ。しかし、シフトによっては微妙に言葉を交わすことも。

私の友人には、グランドスタッフからキャビンアテンダントに転職した人、その逆もいますが、それぞれに所感をきいたところ、グランドスタッフはキャビンアテンダントに対して「ステイでご当地の美味しいものを食べたり観光できたり楽しそう」「面倒が起こると地上に押し付けてない!?」などと本音では思っている模様（笑）。機内でクレームが起きたとき、どうしても限られた空間の機内ですべてを解決することは困難。たとえばドリンクがこぼれてお召し物を汚してしまった、というような場合に、クリーニング券などを発行するなどの手続きは、グランドスタッフと共有することも。また、機内で調べられない情報などは「降機後、グランドスタッフに聞いてください」と、乗客に促すときもあります。そのやりとりが、ときに「押し付けてない!?」という気持ちにさせるのです。

一方、キャビンアテンダントはグランドスタッフに対して「時差に悩まされなくていいな」「毎日家に帰れるのは羨ましいし、結婚後、ステイがないぶん仕事と子育てを両立しやすそう」「毎日大きな声でお客さまを探しまわって大変そう」あたりのことを考えている様子。私もグランドスタッフとして働いていたころ、学生時代の友人でキャビンアテンダントになった子と、空港でばったり制服同士で再会したときに「グランドさんて痩せそうだよね……」としみじみ言われたことがあります。そういえば、当時はいくら食べても太りませんでした。万歩計をつけたとき、1日で2万歩以上になったのを見て、衝撃を受けたことがあります。

Column

「航空業界デビュー」する彼女たち

グランドスタッフになる前には「やっぱり航空業界はみんなプライベートも派手で、華やかな恋愛をしてるのかな?」なんてドラマの影響で思っていました。

実際に入社してみると、果たしてその通りでした（笑）。まず、恋愛に限らず、航空業界の女性は基本的に生命力が強め。楽しい、嬉しい、悲しいを思い切り味わいたい、仕事もプライベートも充実させたいというパワフル女子が多いのです。そして体力があり、身だしなみも整っていて、接客業を志しているくらいですから基本的に人が好き。そうなると、恋愛感度はどうしたって高めになります。というよりも、恋愛に限らず、旅行やグルメ、自己啓発など全般にわたってハイテンションに取り組んでいます。

しかし、基本的には女性中心の職場。そうなれば外に出会いを求め、お食事会、いわゆる合コンは定期的に開催されていました。先輩・同期・後輩のネットワークを総動員すれば、週3日くらい出会いの場に参戦することも可能です。また友人からも、航空業界に入った途端「お友達を紹介して」などと言われるようになり、幹事を務めたりするものですから大忙し。一部のより華やかな交友関係を持つ先輩たちなどは、プロスポーツ選手や芸能人、経営者などと出会う素敵な会も催していました。

実際、航空業界に入ってメキメキ洗練されていく女性を何人も見ましたし、彼女たちの間では盛んに美容情報や最新スポット情報が交換され、情報感度も抜群。出会いにつながるお誘いも多いと思います。女子力が向上する要素しかありません（笑）。フットワークが軽く、好奇心旺盛な人が多いので、自然に出会いの数が増えるのだと思います。

Column

キャビンアテンダントのショッピング事情

さて、グランドスタッフにはなくて、キャビンアテンダントにはあるもの。それがステイ（宿泊をともなう勤務）です。ステイにはお楽しみがいっぱい。

キャビンアテンダントのなかには、ステイ中のショッピングに命を懸けている人もいます。とくにヨーロッパフライトでは、ハイブランドの最新アイテムが日本よりもお手頃に買えるので、給料のほとんどを買い物に費やす自宅通勤の猛者も珍しくありません。日本でモンクレールやゴヤールが流行したときも、火付け役は彼女たちなのではと思うほどに、航空ガールズ全員モンクレール！という時代もありました。ヴィトンやシャネルといった超王道老舗ブランドというよりも、日本未上陸だけどヨーロッパで話題のアイテムなどが人気があります。

　また、ひと通りのファッションアイテムを揃えると、次に、クリストフルなどの高級カトラリーや食器にいく人も。「嫁入り道具に、一式集めるわ」という人もいて、フライトのたびにコツコツ買い集める人もいました。というのも、キャビンアテンダントは乗務のときに免税で買い物ができる範囲は限られているため、一遍に全部買うのが難しいのです。

　もっとも、バブル以降はブランドものを買い集める、というタイプのキャビンアテンダントは減ってきて、その代わりに現地で美味しいものを食べたり、ちょっとした雑貨を集めたりする人が増えました。

　ちなみにキャビンアテンダントは、ほとんどの空港でクルー割引といわれる値段で化粧品などを購入することができます。世界中でお得に最新アイテムを買い物できるとあれば、キャビンアテンダントが流行に敏感になるのも納得ですね。

第2章

実録！　グランドスタッフ現場別レポート

グランドスタッフの仕事は、1日として同じ日はありません。実際、私がグランドスタッフとして勤めていた頃、とくにＯＪＴ（オンザジョブトレーニング。職場での実践を通して業務知識を得ること）明けの新人時代は、「今日は一体何が起こるんだろうか」と、まるで違う仕事に派遣されるスタッフのように緊張していました。そしてひとつひとつの出来事を、本当に鮮明に記憶しています。

そんなテンションの高いグランドスタッフの仕事ですが、私が実際に体験した〈忘れられない〉こと、つまり事件やトラブルのエピソードを通して、より実感的にご紹介していきたいと思います。グランドスタッフの４つの業務「カウンター業務」「ゲート業務」「アライバル業務」「コントロール業務」に分けた、私の〈実録事件簿〉です。

カウンター業務事件簿

空港に着いた乗客が、一番に向かうのは、たいていの場合は搭乗手続きカウンターです。これが意味することは、語弊を恐れずに言えば「乗客はその時点で一切のカテゴライズをされていない状態で、千差万別の事情を抱えてやってくる」ということ。一体どうしたらいいのかわからない状況で駆け込んでくる乗客も、じつはたくさんいるのです。

日常茶飯事!?　遅刻トラブル

搭乗手続きを担当しているとき、カウンターのはるか向こう、駅の改札階から繋がっているエスカレーターを駆け上がってくる乗客を目の端で捉えたとします。グランドスタッフは無意識に手元の端末で、手続き締切が迫るフライトの目測をつけます。国内線は、空港にもよりますが締切はフライト出発の15～20分前で、自動的に端末でチェックインができなくなります。このデッドラインを動かすと、ほかの部署に大きな影響がでますから、まずはカウンターにいる者の使命として、チェックインをリミットまでに完了しなくてはなりません。したがって、経験を積んだスタッフは乗客が走ってきて、たとえばビジネスマン風の場合、数便あるなかから、搭乗便はあと数分で締切の大阪便かな、というふうにアタリを付けられるようになります。3秒でも時間を稼ぐために、手元では大阪便にチェックインする準備をします。もちろん、外れることもありますし、チケットを受け取ったらすぐに確認をします。でも、この時点で可能性の高いフライトの画面を開きながら「お客さま！　お急ぎありがとうございます、こちらです！」とにこやかに右手を挙げて誘導することで、最短距離を、準備ができたスタッフのところに来てもらうわけです。ここで、乗客が自動チェックイン機に向かい、もしモタモタしてしまったら、もうデッドラインを超えてしまう可能性があるわけですから。そして、間違っても「遅い！　もっと余裕を持ってきてください」というような雰囲気を出してはいけません。遅刻の一番多い理由は公共交通機関の遅延です。その場合はたいてい、カウンターで〈現在山手線が停止、注意せよ〉という情報が入るので把握しています。

ここでグランドスタッフは、間に合うと思えば目にもとまらぬ速さでチェックインをします。その際に、預け入れ手荷物があるかどうか、乗り継ぎのチケットを持っていないか（乗り継ぎタイム次第では、到着空港に申し送りが必要なため）、ほかに一緒にフライトする人がいないか、カウンターで預ける荷物に危険物が入っていないかなどを瞬時に確認し、搭乗券を発行。この時点で保安検査場通過のデッドラインまであと数十秒ということも。そんなときは、グランドスタッフの十八番。

「お客さま、お供します、一緒に走ってください！」

そして荷物を代わりに担いでご案内。そんな光景が日常茶飯事です。

手荷物か？ 預け入れ荷物か？ 問題

飛行機に乗るとき、荷物の扱いにふたつの方法があります。

ひとつは、スーツケースなど大きめの荷物で、カウンターで預けるタイプ。しかし、この荷物は乗客と別の動線で動き、搭載スタッフの手によって飛行機のお腹のあたりの貨物専用室に搭載するため、乗客自身と同様に手続きの締切時刻もあります。

ふたつめは、ボストンバッグ程度の荷物で、これならば、2個を限度に手荷物として機内に持ち込むことができます。

このふたつのうちどちらになるかは、第一に大きさ、次に中身です。たとえば、日系大手航空会社では機内持ち込み可能な荷物のサイズを細かく定めています。また、当然ハイジャックの危険性を排除するため、どんなに小さくても、カバンに入っているとしても持ち込めないものが多数あります。ライター、マッチ、ハサミなど、じつは旅行カバンに入っていてもおかしくないものがたくさんあるのです。

これらのものを、先ほど登場した、締切時刻ギリギリの乗客が、手荷物に入れていたらどうなるでしょうか。また、本人が面倒だから手荷物で、というつもりで搭乗ゲートに進んでしまい、荷物のサイズがオーバーしていたら?

いずれの場合も、手荷物検査場、あるいは大きさの問題であれば搭乗口でひっかかります。危険物は検査場の係員がX線ではじき出し、その場で処分するか、特別な手続きをして貨物室で預かるかを案内します。たとえば十徳ナイフのようなものがついたキーホルダーは、どんなに小さなものであったとしても危険物ですから持ち込めません。しかし、決して安価ではなく、あるいは想い出の品であったりすると、乗客は当然処分には同意せず、飛行機に載せてほしいと主張します。その場合はグランドスタッフの出番。保安係員に呼ばれて引き継ぎ、預かり証などを発行し、グランドスタッフがそのアイテムを封印したうえで搭乗ゲートまで運び、制限品として搭載します。あるいはそれも不可能な場合、乗客が旅程を終え、羽田に戻る機会があれば、それまで預かるという方法も。また、搭乗ゲートで、機内に持ち込めないサイズのキャリーケースなどを引いている乗客を発見した場合、声をかけて、荷物を貨物室にて預かる旨を伝えます。

グランドスタッフの目線で書きましたが、これは乗客からするとすべて「知らないこと」

です。危険物は持ち込めないだろうなというイメージはあっても、実際には確認されないと詳細を知る由もありませんし、サイズだってちょっとくらいオーバーしても大丈夫だろう、という認識が普通です。だからこそ、カウンターでグランドスタッフがしっかり注意を払い、持ち込もうとしている手荷物の大きさを目視したり、「この図表にあるような危険物をお持ちではないですか？」と口頭で目を見て確認したりしなくてはなりません。その際に、毎週のように飛行機に乗るビジネスパーソンにも、押しつけがましくない程度に、でも確実に確認が必要ですし、旅慣れていない様子の乗客には、より丁寧に、こちらからさまざまな想定をして問いかけることが重要です。

フライトキャンセルは一大騒動

「○○便、キャンセルです」

この言葉ほど、グランドスタッフを震え上がらせる言葉はそうそうありません。それが出発時刻に迫っていればいるほど、グランドスタッフのミッションはハードになります。

まず、比較的余裕があるのが、出発前日以前にキャンセルが生じた場合です。フライトキャンセルには大きく分けて天候や自然災害事由と、航空会社事由があります。天候や災害の場合、たとえば大型台風が接近している、地震が発生した、大雪警報が出ている、などが該当し、ある程度事前に予報や報道があるので対処法も明確です。悪天候が見込まれると、航空会社のウェブサイトで告知をし、コールセンターで代替便に振り替える手続きを取ります。

しかし、いくらこのような不可抗力事由でも、当日にキャンセルが発生した場合は複雑になります。なぜなら、そのことを知らないで空港に来る人や、とりあえず来た、なんとかしてほしいと訴える人がほとんどだからです。その場合は、可能な限り速やかに目的地に着けるように、グランドスタッフはあらゆるフライト、場合によっては他社便も含めて調べ、提案したり、振り替えたり手を尽くします。本来は天候事由の場合は航空会社の責任ではないので、厳密には指定便のチケットをすべて振り替える義務はないのですが、そこは日系航空会社、可能な限り、次に飛ぶフライトに乗せ換えることが多いと思います。

「私は新千歳空港で働いていたのですが、新千歳空港は、積雪に備えて日本一さまざまな設備を有している空港だと思います。除雪車、デアイシングカー（機体についた雪を除き、凍結しないようにする特殊な溶剤を吹きかける車）はずらりとそろっていますが、それでも、ひと冬の間にはフライトが全便キャンセルになってしまう日も発生します。数年前に記録的なイレギュラーが発生しました。チェックインカウンターの様子はかなりセンセーショナルに報道されたので、ご覧になった方もいるかもしれません。そのときは、真冬の爆弾低気圧で、欠航に次ぐ欠航が数日間に及びました。空港にはスキーを楽しみにいらした中国やオーストラリア、タイからの方々、もちろん日本の方々、数万人が足止めされてしまいました。雪が凄まじく、近隣のホテルもできる限りご紹介しますが、とても全員は収容できません。空港のロビーで、備蓄している毛布、非常食をグランドスタッフが配布し、そこで夜を明かす人が何千人もいる状況です。イライラは募り、ついにはカウンターで暴動のような騒ぎになりました。カッとしたお客さまがグランドスタッフに手を出してしまい、警官が出動しました。でも、怖くないといえばウソになりますが、毅然と、誠意を持って対応すること、私たちスタッフのなかにはその意識しかなかったと思います」（日系航空会社グランドスタッフ）。

このように、いくら天候事由でも、グランドスタッフは「私たちのせいじゃないので」などという意識の人がいません。できる限りの代替案を考え、乗客に寄り添うカルチャーがあります。

そして、一番対応がハードなのは、航空会社事由のフライトキャンセルです。しかも、搭乗手続き開始後に、たとえば整備中に不具合が発見されて代替機が間に合わない、前のフライトが遅れていて、空港に機材がない、などの場合です。そのほかにも、このまま飛ぶと、到着地の飛行機の離着陸可能枠に着かない、前便のイレギュラーで、パイロットやキャビンアテンダントの法定の乗務可能時間を超過してしまう、などの理由もあります。

これらの場合、天候などと異なり、乗客の立場からすれば夢にもフライトがキャンセルされるなどとは思っていないわけです。場合によっては、もうすでに搭乗手続きを済ませて、ゲート付近でショッピングや食事を楽しみ、あるいはすでに飛行機内に着席しています。そこにグランドスタッフは「大変申し訳ありません、整備中に不具合があり、このフライトがキャンセルになります」と伝えなくてはならない。これは相当なことです。そして困ったことに、さほど珍しいことでもないのです。

このときのグランドスタッフの対応次第で、このアクシデントがどの方向に決着するかが決まるといっても過言ではありません。

「キャンセルが決定したら、まずは1分でも早くアナウンスで告知をします。すでにチェックインしているお客さまがいる場合は、ゲート付近やコンコースでも繰り返しアナウンスして、グランドスタッフにコンタクトしていただけるようお願いをします。そして事情を説明し、可能であれば次のフライトにチェックインをします。ところが、実際はそううまくいかなくて、次の便がほぼ予約で満席だったり、1日2便しか就航していないような行先の場合、そのキャンセルしたフライトが最終便だったりすることも……。そんなとき、航空会社の都合でお客さまが長時間空港にとどまる場合はミールクーポンや、マイレージ会員であればマイルをご提供したり、ホテルを予約したりします。もちろん宿泊代は上限があるものの、航空会社が負担します。成田空港のように離れた場所で、一度ご自宅に帰りたいのに公共交通機関がない時間の場合はタクシー券を発行するなど、とにかくお客さまのご事情を伺って可能な限り代替手段を手配するのもグランドスタッフの仕事です」（日系航空会社グランドスタッフ）。

　私が働いていたときにも、数え切れないほどフライトキャンセルはありました。はじめはとにかくほかに乗れるフライトを探さなくては！　全員分のホテルは近隣で確保できるのか、上役である責任者に聞いてからアナウンスしよう……などと必死で対応していましたが、やがてそれと同じくらい大切なことがあることに気づきます。それは「迅速に、何度も最新情報をお客さまに共有すること」。乗客は、旅の途中、あるいは仕事の移動で、予想もしないアクシデントに見舞われ、困っていると同時にとてつもなく不安になっています。このチケットは無駄になってしまうの？　会議に間に合うように到着できるのか？　無理なら果たして何時間ほど遅れるのか？　そういったすべての情報は、目の前にいる制服を着たグランドスタッフに聞くしかないのです。そのときにそのスタッフが、たとえば代替便を探すのに必死で、一切途中経過や最新の情報、今何をしているのかを教えてくれなければ、問い詰めたくなるのも道理です。

それがわかってからは、現在航空会社としてどのような対策をしているのかを、こまめにアナウンスしたり説明したりすることを徹底するようになりました。

「次のフライトは1時間後、空席は充分にありますのでご希望のお客さまは順次振替できるよう、調整中です」「本日中は代替便を飛ばすことができないため、現在近隣のホテルに問い合わせ中です。順次バスでご案内予定です」「2時間後の出発になってしまうので、せめてミールクーポンをご用意しています。まもなく配布を開始します」。解決策を提示しているとは言い難い部分もありますが、とにかく今何のためにお待たせしているのかを逐一報告することもとても大切なのだと、諸先輩の対応を見て気づいたのです。

さて、国内線の場合でもダメージが大きいフライトキャンセル。これが国際線だった場合はもっと大変です。入国管理事務所、税関、航空局、空港ビル会社などに連絡を入れ、協力を仰がなくてはなりません。場合によっては一度出国手続きをした人を呼び出し、ホテル宿泊などのために再入国の手続きをしなくてはなりません。その動線を確保し、アナウンスし、素早く誘導することが重要です。当然国内線よりも外国籍の方が多いので、英語での説明も必要です。

ホテル手配、電車の路線検索、レストラン案内に荷物の取り下ろしと引き渡し、英語と日本語のアナウンス……もはや〈なんでも屋さん〉なのではないかと錯覚するほどの問題解決能力が必要です。それだけに、必死で対応したあとで「お疲れさま、あなたも大変ね」「おかげでなんとか目的地に着けそうで助かりました」などとお言葉をいただいた瞬間は、格別な嬉しさで一杯になるものです。

条件付き運航便、メイダイバート&メイリターンとは？

「今すぐキャンセルを決定するほどの天候ではない状況が続き、天気予報が当たれば、運航可能。しかし、もし予報より悪天候になった場合は別の空港に着陸するか、出発地に引き返します」などと事前に伝えて運航することを、ダイバート（Divert：その時点で着陸可能な代替空港に着陸すること）、もしくはリターン（Retern：出発空港に引き返すこと）するかもしれない（May）として、業界ではメイダイバート、メイリターンと呼びます。このようなフライトを指して「次の札幌便はメイリターンになったね」などと共有しあっています。

リターンしたりダイバートしたりする理由としては、天候以外にも乗客の体調不良やトラブルなどの場合もあります。たとえば、妊婦が予定よりずっと早く産気づいてしまった、機内で失神や発作などの重篤な病人が出た、酔っぱらった乗客が運航に支障が出るようなトラブルを起こした、などです。このような場合、無線を通じてコックピットから直ちに地上に連絡が入り、着陸する空港が決定します。

この一報が入ると、グランドスタッフのバックオフィスは一気に緊張感に包まれます。ちょっとベテランになると、そっとため息をつきながら仕事のあとのデートをキャンセルしたり。シフト制で、めったに残業にならないグランドスタッフですが、このダイバートやリターンが発生すると、早番遅番総出で対応する事態になります。それもそのはず、数百人以上にもなる乗客が、いきなり予定しないその空港に降りてくるのです。トラブルを短時間に解決できる目途が立っていれば、一旦着陸後、乗客はそのまま座席に残り、グランドハンドリングスタッ

○便がダイバート!?
キャーッ
残業確定ね
デートキャンセルしなきゃ

フが給油、ドリンクや機内食の補充などを短時間で行って、再び目的地に向かって飛んでいきます。しかし飛行機の整備に時間がかかる、天候の回復の見込みがない、などの場合、乗客は降機して、次の一手をグランドスタッフが考えなくてはなりません。目的地にたどり着けるほかのフライトはあるのか、空席があるのか、地上交通手段をとるか、臨時便が出る可能性はあるのか……その飛行機のドアが開くまでに、あらゆる対策を講じ、情報を集めます。

乗客は、たいていイライラしたり、困惑したり、心配したりしています。プラスのムードの人はいないといっても過言ではありません。それをどのようにハンドリングするかが、グランドスタッフの真骨頂ともいえます。ここで迅速かつ的確な案内をすることで、乗客に理解してもらうことができます。また、このような大きなトラブルを、高度なチームプレーで乗り越えたときの一体感は格別。デートのひとつやふたつなくなってもどうでもいい！　と思うくらい、場合によってはずっと心に残る仕事の記憶になるのです。同じ会社のグランドスタッフだけでなく、他社や、空港ビルのスタッフ、グランドハンドリングスタッフ、場合によっては旅行会社やホテルスタッフなど、たくさんの関係者の尽力で解決することも多いのも特徴です。

オーバーブッキングで席が足りない！

航空会社のシステムは、その膨大なデータに基づき、実際の飛行機の座席数より多く航空券を販売していることがあります。たとえば羽田―大阪線のように、新幹線と競合するような路線、とくに平日の夕方には、変更可能なチケットをお持ちのビジネスマンが複数の予約を入れていることもあります。仕事の都合で、どの飛行機にも乗れるようにしておいて、直前にキャンセルする心づもりということですね。このような特性のあるフライトは、500人ほどの予約のうち1～2割の当日キャンセルが入る場合も。

問題は、それを見越して、たとえば530人ほどの予約をとっていた便に、予想以上にそのまま搭乗する乗客が多く、座席数を上回る乗客が来たとき。乗客に非がないにもかかわらず、空港に来たら席がない、という状況です。

カウンターのグランドスタッフは、このような状況を避けるために〈怪しい〉フライトについて事前に作戦を練っています。私が勤めていた羽田空港では、金曜日の午後、羽田―大阪線が要注意です。単身赴任のビジネスマンが週末に向けて移動するために、さきほどのパターンの方が多数いらっしゃり、予約センターが予約を多めにとっています。しかし、天候、連休、有名アーティストのイベントなどさまざまな要因が重なり、思ったよりも予約数が動かないことがあります。予約数が1割ほどもオーバーしたまま午後を迎えると、カウンターの責任者からアナウンスが入ります。

「大阪最終便、ド満席を超えてオーバーブック状態。早めに空港にいらした、最終便に予約をお持ちのお客さまをどんどん吸い上げてください」

吸い上げる、つまり、航空券の種類にかかわらず、搭乗可能な早い便をこちらからご提案し、ご希望の方に乗っていただくということです。空港で時間をつぶすつもりで早く来た乗客には、Ｗｉｎ－Ｗｉｎの提案となります。

しかし、これも思うように進むとは限りません。最終便も半分ほどの乗客がチェックイン済みになると、責任者が長年のプロとしての勘で「翌日に振り替えてくれるお客さまを探しましょう」ということになります。もちろん、ただ明日の便に変えてください、とお願いすることはできませんから、協力金や協力マイルをお渡ししてお願いします。すでにチェックイン済みでゲート周辺にいる乗客に対しても、アナウンスで振り替えてくださる方を募ります。

「私が新人時代のときです。木曜の大阪最終便で、最後の最後まで調整を試みましたが、残席10に対して、手続き締切の数分前に到着したモノレールで、どっと15人のお客さまが駆け込んでいらっしゃいました。絶対絶命のピンチです。お客さまは皆、飛行機のギリギリに駆け込んできて、息を切らせているような状況。間に合わせるために走ってくださっているのに、この状況で、一体どのように、そして誰にそのお願いをするのか。新人の私は泣きそうになって固唾をのみました。そのとき、勤続20年以上を誇る超ベテランの先輩が、すでに用意していた名前なしで取り急ぎ発券した10枚のチケットを持って、カウンターの前についと出ました。そして大阪行きのお客さまを集め、凄い迫力で『お客さま！ 大変申し訳ありません、ここにいらっしゃる方が15名、チケットは10枚。どなたがお乗りになるか決めなくてはなりません。もし明日のご希望の便に振り替えてくださる方には、協力金として2万円、そして今夜のミールクーポンもお付けします。明日の朝一番なら6時台の飛行機から、すべての飛行機に空席がございますので自在にお選びいただけます。もしも、あと一晩、ご夕食を召し上がってホテルで少しごゆっくりされるお時間の余裕がある方、どうか、どうかひらによろしくお願い申し上げます』と頭を下げました。出発時刻は15分後、もうお一方ずつに説明をしている時間はないという咄嗟の判断です。正直に、お客さまの目を見て、真摯に頭を下げながら、さりげなく協力金やミールクーポンも悪くないかも、と思わせる説明。案の定、お客さまは毒気を抜かれたのか、怒鳴られても不思議はないのに、なんとほとんどの方が、それにしようかな、とおっしゃってくださったのです。もう魔法を見ているような気持ちでした。暴動になるんじゃないかと覚悟していたので（笑）。無事に5人のお客さまが決定し、残りの10名のお客さまを『では最終便にご搭乗のお客さま！走ります！』と引率していた先輩の姿にはしびれました」（日系航空会社グランドスタッフ）。

このように、通常であれば大きなクレームになる可能性があるオーバーブックですが、グランドスタッフの緻密な事前の計算と、実際に振り替えをお願いするときの態度で上手にハンドリングすることも可能です。まさに腕の見せ所といったところでしょうか。

サポートカウンターはグランドスタッフの本領発揮

大手航空会社には、サポートカウンターと呼ばれる、乳幼児連れやお身体が不自由な方が安心して利用できるようなサポート体制があります。車椅子をご利用の方、目や耳が不自由な方を、搭乗から機内、降機まで継ぎ目なくサポートできるように、グランドスタッフは研修で車椅子の扱い方や筆談器具について学んでいるのです。

このカウンターにアサインされたときは、「お客さまの役に立つぞ！」と使命感を持ってスタンバイするわけですが、どれほど準備しても臨機応変な対応力が不可欠です。

例を挙げてみましょう。車椅子の方の多くは、予約段階で、車椅子のご利用状況を共有してくださる場合がほとんどです。飛行機の搭乗口まで自分の車椅子をお使いになりたい方、カウンターの時点で、ご自身の車椅子はお預けになり、貸し出し用の車椅子をお使いになりたい方。機内でもご使用希望の場合、通路を通ることができるスリムタイプの車椅子貸出手配が必要な方。ひと口に車椅子をご利用、といっても、その状況はさまざまです。

「お盆やお正月など、繁忙期に、車椅子をご利用のお客さまが事前情報なしにカウンターにいらっしゃることもあります。その場合、同意書をいただくところから、顧客情報の入力、車椅子情報の共有、到着地ではどのように引き渡すか、機内でも必要かどうか、など、数十分ほど時間を要してしまうことも。お客さまにもお時間をいただいてしまうので、可能であれば、予約時にひと言共有いただけるとスムーズです。とはいえ、そのことをご存知なくても、もちろん当日にいらしていただいてから手筈を整えるのも私たちの仕事。ただ、車椅子の台数、とくに機内にそのまま入れるタイプの車椅子の数には限りもあるので、内心、なんとか出発時間にすべて間に合わせなくては！　というプレッシャーとともに、スタッフは使命感に燃えています」（日系航空会社グランドスタッフ）。

そのほかにも、目が不自由な方のアテンドでは、到着地で利用する交通機関の切符を買うお手伝いをすることもあります。私も、喉が渇いたとおっしゃるので、喜んでコンビニエンスストアまでご一緒して、お水を買ったこともあります。小さなことでもお役に立てることがとても嬉しいグランドスタッフ。もしもこの先、お困りのときは、サポートカウンターにお立ち寄りください。

Column

アップグレードする乗客はどうやって選んでいる？

カウンターに行ったとき「お客さま、本日はビジネスクラスにアップグレードさせていただきます」といわれたとしたら、その日は最高の1日になったような気持ちがするでしょう。

果たして、このカウンターアップグレード、どのような場合に起こるのでしょうか？

その可能性を上げる方法をこっそりお伝えします。

オーバーブックの箇所でご説明した通り、航空会社は予約しても搭乗しない乗客数を見込んで、多めに予約を取るようにプログラムを組んでいます。それは複数クラスある国際線でも例外ではなく、通常はエコノミークラスでオーバーブックしています。もし席が足りなくなった場合は、カウンターでお客さまに「ビジネスクラスに特別にご案内します」と伝えれば、比較的容易に調整できるので、グランドスタッフの負担も少ないハンドリングです。もちろん、実際そのようなことが起きたときは、さまざまな手続きをその場でとらなくてはなりませんが。

さて、このようなときに選ばれるのはどのような人なのでしょうか？

「まず勘案するのは、マイレージ会員のステータスでしょうか。航空会社にとっていわゆるお得意さまはやはり優遇されます。また、おなじエコノミークラスでも、変更が可能などの理由で高いチケットをお持ちの方を優先しますね。反対にいえば、パッケージツアーでマイレージカードのご登録がないお客さまは、確率はさほど高くないと思います。またここだけの話ですが、カウンターでは服装やお人柄も拝見しています。ビジネスクラスは、正規運賃、場合によっては数十万円をお支払いいただいて、快適なサービスと空間を買っているお客さまばかり。そこに無料でアップグレードされたからといって、キャビンアテンダントをオーダーで独占したり、肌を過度に露出したような服をお召しになったりしている方が搭乗してしまうと、こちらとしても困ってしまいます。ですから常識があって、清潔感のある服装である方がいれば、ぜひ乗っていただきたいと内心では思っています。オーバーブックしている便では、あらかじめ各スタッフがこれらの項目をさりげなくチェックし、システムに入力しています。最終的に誰かをインブップ（インボランタリーアップグレード。会社都合のアップグレードの意）するとなったときに、カウンターの責任者がそのリストを見て、ふさわしい方にお願いします」（日系航空会社グランドスタッフ）。

そのほか、特別な事情があるとグランドスタッフが事前に把握している場合で、到着地までできるだけ良い環境で過ごしてほしいと感じられる人（たとえば、ご家族の訃報が入り目的地に向かっている方や、安静が望まれるご体調の方）や、著名人でエコノミーの場合に騒動になる可能性がある方なども、航空会社の判断でアップグレードすることがあるといいます。

いずれにせよ、判断は現場にある程度任されているため、ちょっとした運があれば、いつかそのようなラッキーがあるかもしれません。

ゲート業務事件簿

搭乗手続きが済んだ乗客は、手荷物検査場を経て、搭乗ゲートが並ぶエリアに進みます。もちろん国際線の場合は、パスポートコントロール（入国審査や出国確認）を通過して、ゲートエリアに進みます。このエリアでの仕事を、グランドスタッフはゲート業務と呼びます。比較的年次の若いスタッフもアサイン（業務を割り当てること）されやすいポジションです。それはすなわち、体力勝負の側面があるということ。その理由は、読んでいただければ納得できることと思います。

ゲートノーショーハンドリングは推理力と体力勝負

チェックインを完了した乗客は、航空券と引き換えに、搭乗券を手にして、ゲート（搭乗口）まで進んできます。しかし、成田空港や羽田空港などの大空港をイメージしていただけばわかるように、ゲートエリアは非常に横に広く、端から端まで数㎞に及ぶことも。

海外ではモノレールで結ばれていることもありますし、羽田空港でも動く歩道をほぼ全域に設置し、乗客の負担を減らす工夫をしています。

しかし、とくに日系のグランドスタッフは、動く歩道に頼らず可能な限り歩く、という不文律があることも。

さて、そのような広大なゲートエリアで、もしも乗客がゲートを間違え、あるいは迷ってしまい、ゲートに現れなかったらどうなるのでしょうか。

このような乗客をGATE NO SHOW（ゲートに現れない）と呼び、グランドスタッフは全精力を傾けて捜索することになります。ゲートは、通過するときに自動改札機に搭乗券を通すことで、データが集約し、搭乗予定の乗客のうち誰がまだオンボード（搭乗）していないのかを、ゲート脇のコンピュータで確認することができます。ゲートは通常3名ほどの体制で担当します。そのうちの1人がそのフライトのゲート責任者となり、コンピュータを睨んでいます。残り5分で50名ほどの搭乗を待つ、というあたりから、プロの勘が発動します。

「要注意なのは、ご高齢のお客さま、お子さま連れのお客さまでしょうか。走るのが難しく、気づいたら出発時刻だった、となりがちな方々なので、できるだけ早い時点で見つけ出し、誘導をします。まずゲートのグランドスタッフに『5歳と3歳のお子さまを連れたお母さまの〇〇さま、70歳女性、おひとりさまでご搭乗の△△さま、お探ししましょう』という感じで、共有します。ゲートを1人が離れて、付近をお声がけしながら捜索します。人数が一桁になってくると、『〇〇にご出発の△△さま、当機は間もなく出発します』とお名前もお呼びしますね。それでも見つからない場合、たとえば搭乗券の座席番号をゲート番号と勘違いしていたり、近い時刻で違う航空会社の同じ行先のフライトがあれば、それと勘違いをしていたりする可能性を推理し、そのゲートに内線電話をします。運が良ければそこには別のスタッフがいるので、探しているお客さまの特徴を伝えます。3分前くらいになってくると、ノーショーしているお客さまに預け入れ手荷物がないかどうかを確認し、取り下ろしの準備に入ります。荷物を搭載しているグランドハンドリングスタッフに、無線で荷物がおよそ積まれているエリアや特徴を伝え、探しておいてもらい、ギリギリまで待つのです。あと1分、となると、いよいよ取り下ろしとキャンセルを決定する局面に来ます。この判断で、大げさにいえば荷物の個数や場所、貨物室のドアを閉める時間、最終的にオンボードした乗客の顧客名簿印刷、ドアクローズタイムが左右されるので、決して遅れるわけにはいきません。でも、『さぁいざキャンセル！』という時間になったときに、無線で仲間のスタッフから『お客さま、○○番ゲートでミート（遭遇する・迎える）、今アテンド（案内）で向かっています！』と連絡があることも。もちろん、グランドスタッフはできればお客さまに搭乗していただきたいと思っていますので、なんとか定刻にオールオン（全員搭乗）させるためにスタッフ全員で必死にハンドリングします」（日系航空会社グランドスタッフ）。

また、グランドスタッフはゲートを歩いていて、直前にゲートが変更されたにもかかわらず、ポツンと座っているご高齢の乗客を見かけると、おせっかいにも搭乗のご予定を確認してしまうなども「グランドスタッフあるある」の模様です。全員が、基本的にいろいろなポジションを日替わりで担当しているので、空港のさまざまな状況を理解して、担当ポジションでなくても自発的に動くことができます。

このような話を聞くと、決して搭乗時刻に遅れないようにゲートで待機しようという気持ちになるかもしれません。

「以前、某有名男性アイドルグループ全員が、搭乗時刻1分前になっても来ない、ということがありました。ほかのお客さまは全員ご搭乗済みです。もうこのときは、アイドルグループ全員のお名前をお呼び出ししました（笑）。『ちょっと先輩、いいんですか⁉』なんて後

今、ご案内中です！
すみませ〜ん！

輩には心配されましたが、どんなに有名な方でも定時運航を阻害する権利はありません。サービス業であると同時に、我々は公共交通機関なんです。安全や定時性は、サービスに優先されます。皆さまも、どうかそのことをご理解いただければ幸いです」（日系航空会社スタッフ）。

ＶＩＰケアはテレビに映ることも⁉

羽田空港のような基幹空港であればあるほど、いわゆる「有名人」が空港を利用する可能性は上がります。極端な話、1日何人も有名人を見る、というようなこともあります。それどころか、有名人やＶＩＰは特別なケアを必要とすることもあるので、グランドスタッフがつききりでご案内することも。テレビのニュースで、到着したオリンピック選手や海外スターを先導するグランドスタッフの姿を目にしたことがある方もいらっしゃるでしょう。

「5年間働いていましたが、数え切れないくらい有名な方を拝見しました。もちろん、プロですから、サインを求めたり騒いだりなどというスタッフはいません。でも内心は、自分が好きなスターだったりすると、その日1日ウキウキした気持ちに（笑）。ちょっとコンコースですれ違う、くらいならミーハーな楽しみ程度ですが、これが超ＶＩＰを自分が担当するとなると話は別です。首相や世界的なＶＩＰなどの場合、一般のお客さまと全く違う動線で動きます。空港には貴賓室があり、そこでスタッフがチェックインして、専用の車でご案内します。万が一にも粗相がないように、スムーズに動けるように、なにより保安を最優先に、グランドスタッフは緊張感を持って対応しています。また、ゲートから到着口までご案内するときには、マスコミの皆さまの前に出ることもありますので、夕方のニュースに顔が映ってしまうことも。こっそりメイクを直してからご案内にいくこともあります」（日系航空会社グランドスタッフ）。

私がグランドスタッフとして働いていたときも、何人かの有名人の方とひと言、ふた言葉を交わす機会がありました。イメージ通りの方もいれば、ちょっとイメージと違うなあ、ということもあります。「どんな方でした？」と好奇心で長く勤めている先輩に質問すると、たいていの有名人について秘密のエピソードを話してくれます。「○○さんはとっても爽やかでスタッフにも優しい！」という〈定説〉も。スタッフも人の子、いくら顔には出さなくても、人となりはやっぱり見ているんだなと改めて感じていました。

そのお荷物、機内に持ち込むことはできません

多くの航空会社では、チェックインカウンターで預かる荷物とは別に、サイズ上限を定めたうえで、機内に持ち込める手荷物を認めています。荷物サイズのイメージは、客席の頭上、バルクヘッドと呼ばれる収納スペースに入る程度のボストンバッグや小さなキャリーケースです。

しかし、すべての方がそのくらいの荷物を持ち込んでしまっては収納が難しいのも事実。そのため「ゲートで大きなお荷物をお持ちのお客さまには事前に声をかけて、できるだけ貨物室で預かってください」とキャビンアテンダントからしばしばお願いをされます。満席のビジネス路線などでは、旅慣れた出張帰りの乗客は皆、降機後スムーズに帰宅するために、機内に荷物を持ち込もうとするので荷物があふれてしまうことがあるためです。

そこでグランドスタッフは、手に荷物タグを持ち、ゲート付近をうろうろ。サイズオーバーしてる荷物や、頭上に載せるのが大変そうなハードケースを見ると、にこやかに接近、声をかけます。

「ここはなるべく気持ちよくお預けいただくために、申し訳ない、というよりもぜひ身軽になっていただくためにお預かりいたしますね、とポジティブな感じでお声がけするのがコツです（笑）。お預かりした荷物は、その場で引換証をお渡しし、グランドスタッフがゲートに集めます。そのあと、おもに新人グランドスタッフが、そのキャリーケースを持って、ボーディングブリッジ（搭乗口から飛行機までの渡り廊下）の扉から外に出て、荷物を搭載するグランドハンドリングスタッフに渡します。最初は『ひとつずつしか持ってタラップを降りられない！』と言っていた新人も、最終的には両腕にふたつずつベビーカーを下げて運べるようになります（笑）」（日系航空会社グランドスタッフ）。

最強のタイムトライアル業務⁉　スタンバイカウンター

グランドスタッフの業務のなかでも、指折りの短時間勝負であるポジション、スタンバイカウンター。何かの事情で空席待ちをしている乗客に、出発直前に出た空席を割り振る仕事です。搭乗口のすぐ裏手にて、担当グランドスタッフはそのときを待ちます。

スタンバイカウンターのスタッフは、基本的に満席近い1便に対して1人割り当てられています。チェックインカウンターで出発の15分前にすべてのチェックインが終わり、カウンターの責任者が締切を宣言すると、スタンバイカウンター担当スタッフの出番です。この瞬間まで、当該フライトに何席の余剰が出るのかはわからないので、事前にできることはありません。

スタンバイカウンターのスタッフは、確定した空席に、スタンバイ中（まだ席が確定せず待機している）の人を割り振っていきます。基準になるのは、マイレージカードのステータスが高い順で、早く空港に来てスタンバイカードを抜いた順ということになります。ステータスの高い人は、たとえば締切20分前に空港に来てスタンバイの列に加わった方も、2時間前からスタンバイしている一般の方より優先されます。難しいのは、スタンバイしている乗客のなかには、すでに当該便の普通席でチェックイン済みで上級シートにアップグレード希望の人、当該便の後便でチェックインをしているけれどもできれば早い便に乗りたい人、そもそも何もチェックインできていない人、などなどさまざまな状況の人が入り乱れている点。そして、大型機のフライトの場合、50人ほどもスタンバイカウンターの前にいる、ということもざらです。

『隣同士の席が取れたときだけ、1便早めたいです』とか、『子連れなので、家族5人で一緒でない場合はまたその次のフライトにスタンバイしたいです』とか、ご要望はそれはもうバラバラ。全員が整理券のようなスタンバイカードを持っていますが、ヒアリングするまでどういう細かいご希望を持っているかはわかりません。しかもたいてい、スタンバイを吸い上げる作業は出発の10分前。これ以上頭を使うことはないんじゃないか、というレベルで捌いていきます（笑）。『上級マイレージ顧客カテゴリーの10番までのカードをお持ちの方！』と呼び出し、お1人ずつ希望を10秒ほどで聞いて判断、という世界ですね。このポジションに入れるのはチケットの種類に精通し、発券業務（航空券を販売する仕事）の研修を受けている、ある程度経験を積んだグランドスタッフ。私は大好きなポジションでしたね。1席残らずお客さまを乗せることができた時の爽快感！ ガッツポーズをしたい気分になります」（日系航空会社グランドスタッフ）。

アライバル業務事件簿

空港では、飛行機が出発するのと同時に、当然ひっきりなしに到着をしています。ここでは飛行機のアライバル（到着）に関わる事件をご紹介します。出発にさまざまなトラブルがあるのと同様に、アライバル業務も一筋縄ではいきません。

勘違いで遅延の危機！

飛行機が空港に着くと、扉が開き、必ずグランドスタッフが出迎えます。乗客が降機する前に、機内で起こったアクシデントや申し送りなどがある場合、まずそこでキャビンアテンダントのチーフと共有をし、お互いに確認をしてから乗客に降機を促します。

どのグランドスタッフが、どの便を出迎えるかは、その日の朝に配られるシフト表を見て動きます。たとえば〇〇便アライバル担当であれば、バックオフィスや端末でそのフライトの到着時刻をリアルタイムで確認し、その少し前にゲートで待機します。

私が働いていたときのことです。腕時計が電池切れで止まったことに気が付かず、あと15分あるから休憩所でお水を一杯、と飲み干していたところ、ふと目にしたモニターで担当便がアプローチ（着陸態勢）中と表示が。バックオフィスからそのゲートまでは遠く、歩くと10分以上もかかる計算です。しかしアプローチサインがついているということは、下手したら5分でスポットイン（駐機）してしまいます。出発地のグランドスタッフ、パイロット、キャビンアテンダント、全員のチームワークで定刻に飛んできたフライトを、到着地のゲートにグランドスタッフが時間を勘違いしたからという理由で「遅延」と記録されてしまうかもしれない事態です。ちなみに全てのフライトは、到着予定時刻に遅れた場合、理由がひと目でわかるように社内のフライト記録に残ります。「5分遅延、グランドスタッフ事由」という具合に。

人生であれほど必死にヒールで全力疾走することはもうないと思います。誰もいない最後の直線コンコースは、ヒールを脱いで手に持って走りました。30秒前に汗だくで飛行機のドアサイドに駆け込み、ことなきを得ましたが、それ以来、腕時計の電池交換は早めにするようになりました。

「お子さま一人旅」は思わぬ緊張感も……

航空会社には、未成年が1人で飛行機に乗る場合、特別に地上や機内で案内を受けられるサポートシステムがあります。事前、もしくは当日にカウンターで申し込むと、グランドスタッフに付き添われて搭乗、機内でもキャビンアテンダントに引き継がれ、目的地の所定の場所で待っているご家族に引き渡すというサービスです。

乗り継ぎがある場合もあり、グランドスタッフは短い時間ながら「小さなお客さま」が不安を抱かないように、旅が少しでも楽しくなるように、心を砕きます。

「ところが稀に、離婚の話し合い中の配偶者が到着地で接触してくる可能性があるからさらわれないように気をつけてほしい、などという申し送りがある場合も。確実にグリーンの服を着た60代女性の祖母に引き渡してほしいと言われ、グランドスタッフ全員に周知されたこともありました。それは極端な例ですが、お子さまは飛行機に乗るのが初めて、というケースや、親御さんの急病で、急遽祖母の家へ、など、ご事情はさまざま。ただ待ち合わせ場所に連れていく、という単純なサービスではない場合もあるので、最大限にお役に立てるように頑張ります」（日系航空会社グランドスタッフ）。

さまざまな事情があるなかで、無事に到着地でご家族に再会した笑顔を見ることができたときは、最高に幸せな瞬間です。

ロストバゲージ発生は突然に

ロストバゲージとは、預けた荷物が到着地に運ばれないという、乗客の身からすると恐ろしく困るトラブルです。しかし、困ったことに、とくに国際線の乗り継ぎを経るような場合に、ときどき起こってしまうのも事実。私も海外で2回、ロストバゲージしたことがあります。ターンテーブル（ベルトコンベア状の荷物の引き取り場所）で待てど暮らせど自分の荷物が来ないあの絶望感。その荷物にこれから仕事で必要な資料が入っていたり、すぐにでもホテルに直行したいのに下着さえ手元になかったりすると、目の前は真っ暗です。そう、このトラブルはしばしば起こってしまうわりには、乗客に与えるダメージが甚大。そのことはグランドスタッフもわかっていますから、全力で荷物を探します。

「ロストバゲージが発生すると、まず出発地や経由地で積み残した可能性を考え、荷物の特徴などを関係各所に照会します。また、システムで該当するような迷子の荷物がないかを調べます。ロストバゲージが発生する原因はいくつかあり、タグが取れてしまって、どの便なのか不明のため搭載されず取り残されている、乗継時間が短くて荷物の搭載が間に合わなかった、タグの読み取り違いで違う便に搭載されてしまった、または到着地のターンテーブルで似た荷物と取り違えられ、ほかのお客さまが持ち帰ってしまった、などが考えられます。最後のケースはクロスピックと呼ばれ、たいていは、似たような特徴の、しかし探している荷物とは違うものがターンテーブルに取り残されています。その場合はタグを照会し、航空券の情報からお客さまに連絡、荷物を間違えていないかを確認します。航空会社のミスで手元に荷物がその日中に戻らない、というケースでは、下着など最低限のものを買い揃えるためにいくらかの現金をお渡しすることもあります。いずれの場合も、お客さまは突然の思いもよらないトラブルで非常にお困りになり、お怒りであることが多いので、とにかく素早く、誠意を持って対応することが大切です。菓子折りを持って、荷物をご自宅まで届けたり、引き取りに行ったりする上司の姿を何度も見て、合掌していました」（日系航空会社グランドスタッフ）。

忘れ物チェイス

預かり手荷物を返却するターンテーブル周辺で、ロストバゲージなどの担当をしていると、今しがた降機された乗客から、出発地や機内で忘れ物をした、と申告があることがあります。このような場合、乗客が搭乗券をまだ持っていれば、まずはその座席番号を控え、機内清掃中のスタッフに連絡をとり、探してもらいます。すでに清掃が終わっている場合も、機内の忘れ物はグランドスタッフが預かり、便名や座席番号、忘れ物の特徴をシステムに打ち込むため、たいていは探しだすことができます。

これに関して私はひとつ、乗客として忘れられない体験があります。

以前、アメリカの国内線に乗ったときのことです。iPodを忘れたことに気がつきました。急いで航空会社に電話しましたが、そこはフライト数が膨大なアメリカ国内線、日本ほどの忘れ物ケアはあるはずもなく、電話では埒があきません。そこで、元グランドスタッフの経験を最大限に発揮し、そのシップ（航空機）がその日、どのように飛ぶのかを予想し、調べました。本格的な機内清掃をするのは、きっと夜、ロサンゼルスのターミナルに帰ってくるタイミングだろうと考えました。そこで、翌日、あたりをつけたターミナルの到着ロビーに行き、十数人いるグランドスタッフのなかから、責任者風のベテランの風格あふれるスタッフにピンポイントに頼みました。

こういう場合、忘れ物が手元に戻るかどうかの命運は、ここだけの話ですが、グランドスタッフの根性と力量にも左右されるのが実情です。システム検索ひとつをとっても、「忘れ物はポシェットです」と乗客に申告されたとして、そのままポシェット、と入力してヒットしない場合、それまで。でも慣れているスタッフならば、カバン、バッグ、ポーチ、などいろいろなキーワードで探したり、問い合わせの場所を変えたり、機転を利かせてくれます。

とはいえ、日本よりもずっと便数が多いアメリカで、ましてやiPodが出てくるのは難しいだろうと思っていました。ところが、私が話しかけたグランドスタッフは、信じられないという表情でポケットから何かを取り出したのです。

「奇跡よ！　これ、昨日のロサンゼルス／フェニックス便で機内清掃スタッフが見つけて、折り返しでロサンゼルスに戻ってきたの。今朝、ここに置かれていて、あとで私がシステムに入力しようと思って持ってたの！　試しに1曲目に入っている曲名を言ってみて！」

「ＭＪ（マイケル・ジャクソン）！」と叫び、グランドスタッフがハイタッチをして渡してくれたとき、グランドスタッフをやっていて良かった！　と思いました（笑）。

コントロール業務事件簿

コントロール業務とは、いわばバックオフィスでフライトの全容を司る仕事。実際にはその日の裏方親分となるデスクインチャージと、その下にデスクやプレップと呼ばれる数名のスタッフで体制を組みます。各フライトに関して、何かを決めるのは担当デスク。1人のデスクが複数のフライトを担当し、準備から出発までそのフライトに関する重要なことはデスクが決定し、現場のグランドスタッフに通達します。たとえば、飛行機に軽微なメンテナンスが発生、出発が遅れるときには、いちはやくその状況を整備担当から共有してもらい、どのくらい出発を遅らせるのかを決定、チェックインカウンターなどに連絡をする司令塔の役割を果たします。

デスクが常駐するバックオフィスには、すべての空港で共有されているシステムや電話、無線、ＦＡＸによってあらゆる重要な情報が集まってきます。集まってきた情報を精査し、チェックインカウンターやゲートなど、必要な部署へすぐさま伝えます。これは一朝一夕にできる仕事ではなく、それまでの知識と経験を活かして行います。

フライト全体を〈監視〉するデスク

デスクは、早い人では5年ほどの勤務のあとに担当するポジション。非常に適性が問われるポジションだと個人的には思います。ある程度の経験と確かな業務知識、度胸と、判断の速さが求められます。担当のフライトの準備から出発、到着までの流れ、注意すべき申し送りなどを把握し、調整します。バックオフィスでモニターや電話に張り付いているので、基本的にお客さまの前に出ることはありません。出発地や到着地の空港のデスクとも連携し、乗客に関する情報を集約します。特別なケアを必要とする方や、ＶＩＰの具体的なサポート計画とケアスタッフの割り当て、クレームが入っているときはその解決方法を考え、実際に接客をするスタッフに共有します。

また、航務と呼ばれる駐機スポットを調整する部署や、貨物室に搭載する荷物のバランスを調整する部署など、同じ空港内の他部署と情報を共有します。これによって、もしも搭乗口に現れない乗客がいたときに、その人の荷物の場所を調べ、グランドハンドリングスタッフに伝えるなどの司令塔の役割を果たすことができます。

一般のグランドスタッフにとって、デスクはとても頼れる存在。「ヘッド」が優秀だと、その下のスタッフたちはトラブルが起こったときに随分手間を減らすことができます。たとえば、現場スタッフが到着便の出迎え、つまりドアオープンを担当するときに、デキるデスクは「シップサイド（飛行機のドアのすぐ近く）からベビーカーを使いたいとご希望のお客さまが多数。あらかじめ目に入りやすいところに、グランドハンドリングスタッフと協力して並べておくべし」などと事前に情報を共有してくれます。このような情報を心構えとして知っておけば、少し早くゲートに行くようにする、グランドハンドリングスタッフに声をかけて手伝う、などの対応ができるのです。

デスクインチャージはバックオフィスの〈親分〉

デスクインチャージとは、その日のバックオフィスを統べるポジション。数人のデスクの頂点に立ち、ダブルチェックをしたり、デスクの相談に乗り、必要なときには大きな決断を下します。おおむね10年以上の経験を経て、ようやく業務に就く最高峰のポジションです。何かトラブルが起きたときに、グランドスタッフを代表して、関連部署、コックピットに連絡を取ります。たとえば大型台風が接近し、空港全体のフライトスケジュールに大きな変更が必要なときなどは、その日の全体の様子を頭に入れて、チェックイン時間などを調整していきます。

後輩からは尊敬され、そして恐れられる総大将のようなポジション。責任者はときに孤独ですが、安全を背負い重大な判断を下す立場です。

場合によっては制服ではなく、管理職としてスーツを着用しているエアラインもあります。ひと目で責任者とわかることで、バックオフィスから出てクレーム対応をするときに、スムーズになる場合もあります。基本的にバックオフィスで着席し、モニターや資料を見ながら陣頭指揮をとっているので、新人スタッフなどは、デスクインチャージと話す機会はしばらくないのが実情です。

当然、経験が浅かった私にはデスクインチャージの経験はありません。私のような「下っ端」がデスクインチャージと会話をするのは、自分が何かしでかしたとき。一度、訓練が明けたばかりの頃に、なんと他社の株主優待券を自社の株主優待券と間違えてチェックインしそうになってしまいました。このときばかりは、終業後、デスクインチャージから「出頭命令」が出ました。

今思えば、信じられないような間違いですが、その他社の株主優待券は旅行代理店が出力したものに変換されていて、一見、自社の株主優待券を使った搭乗券と同じように見えました。初めての「株主優待券」の処理に緊張してしまい、肝心の社名を見逃したのです。これは会社に損害を与える、非常に重いミス。幸いにも、隣にいた先輩がそれに気づき、お客さまを他社のカウンター方向にご案内してくださったのですが、先輩が止めてくださらなければ私は間違いなくチェックインをしていたと思います。

新人にとってデスクインチャージとは雲の上の存在。他社のチケットをチェックインするとは、ミスとしても非常にお粗末です。涙目でデスクインチャージに頭を下げると一言。

「あんたね……これ、紙屑をいただいて、お客さまを沖縄に運んだのと同じことだから。航空券は金券。その重みがわからないなら、カウンターに立つんじゃない」

そう、航空券は、何万円、ときに何十万円もの価値がある金券なのです。くどくど叱られるよりもずっと深く、その言葉は刺さりました。それ以降、どんなに焦っていても、航空券そのものをしっかり検分するようになりました。デスクインチャージは、その長年の経験から一言で後輩を育てる、偉大な先輩なのです。

出発便・到着便の〈地ならし〉を担うプレップ

プレップとは、翌日のフライトのプリパレーション（準備）をする仕事。予約や引き継ぎ情報をもとに、翌日の出発便と到着便の準備をします。事前に座席配慮が必要な乗客のために、席を事前に指定したり、乗り継ぎ便を確認したり、パズルのようにあらゆる要素を組み合わせ、現場のスタッフたちがカウンターや搭乗口でスムーズにハンドリングができるように、あらかじめ情報を入力します。翌日、その情報をもとに、現場のグランドスタッフたちはチェックインをしたり、乗り継ぎ時間が極端に短い乗客につきっきりで並走したりなどのケアをします。

プレップはグランドスタッフの仕事のなかでは珍しく座って、情報を読みながらじっくり取り組む仕事なので、「このアサインは1日座っていることが多いので、ちょっと苦手です」とこっそり言うスタッフもいます。もくもくとこなす仕事はめったにないので、少し異質な仕事です。一方で、珍しく目の前の接客に追われることなく、比較的自分のペースでできる仕事でもあります。

以上、大きくわけてカウンター／ゲート／アライバル／コントロール業務を紹介しましたが、もちろんほかにも仕事がたくさんあります。そして、同じ業務であっても、天候や状況、人が異なれば、その数だけバリエーションがあります。そのことに、新人時代はひたすら緊張していましたが、経験を重ねるにつれて、それこそがグランドスタッフという仕事のやりがいだと感じられるようになります。

第3章

ここだけのお客さま＆グランドスタッフ㊙エピソード

第2章では、グランドスタッフの業務内容を、「忘れられない事件簿」という形で実体験を通してご紹介しました。それでも、毎日何万もの人が行き交う羽田空港のこと、そんな「事件」に至らなくても、忘れられない出来事はごまんとあるものです。それほど毎日、多くの人と接する仕事がグランドスタッフなのですが、第3章では、そんななかから、お客さまとグランドスタッフに関わる、「業務中の感動エピソード」や「現場スタッフのリアルな裏事情」をご紹介します。

沖縄に行きたくても行けない……！

ある日、昼休憩で先輩と空港内を歩いていると、先輩が怪訝な表情で振り返りました。

「あの中学生か高校生くらいの子……さっきもあそこにいなかった？」

人がごったがえすロビーで、1人のお客さまを記憶するのは不可能。私はなんとも言えずに先輩の顔を見ましたが、少し薄着で、学校がある時間にひとり軽装で座っている男の子を、先輩は気に留めていたようです。休憩時間でしたが、迷わず近づくと、少し身をかがめて話しかけました。

「お客さま、もし何かお手伝いができることがあればおっしゃってくださいね」

するとその男の子は、びっくりしたように目を丸くしました。その表情やしぐさから、（身長は大きいけれどまだ中学生なのかな？）と思いました。１人で１時間以上もここにいるなんてますます不思議です。

「じつは……親から渡されたお金を落としてしまって。おばあちゃんの具合が悪くて、両親は昨夜のうちに実家がある沖縄に戻ったんだけど、僕は朝にスカイメイトで行くことになっていたんです。だけど、お金を落としてしまって、誰かに借りたいけれど、財布ごと落としたから家に帰る交通費もなくて……携帯は持ってないし、小銭で家に電話をしたけど誰も出ないし、困ったなあって。早く行かないとならないのに……」

先輩は、その子の話を全部聞き終わるや否や、サポートカウンターに連れて行き、祖母の家と学校の電話番号をインターネットで調べ、連絡を入れました。沖縄の家は誰も電話に出ませんでしたが、学校とはつながり、たしかに保護者からその事情を聴いていて、その日は欠席の連絡を受けていたとのこと。男の子の言う通りの状況でした。親戚や両親は病院に詰めているのか、何度か連絡をしてもつながりません。そろそろお昼ですから、飛行機に乗れば夕方には病院に行けるはず。しかし、午後の便は満席も多く、学生対象の、運賃半額で予約不可（当時）のスカイメイトと呼ばれるチケットでは、その日中には移動が難しいことが予想されました。

先輩はどうするのだろう……と思っていると、まず会社に交渉を始めました。しかし会社としても、その状況で運賃をいただかずにご搭乗いただくのは、公平性に欠ける、ということに。すると先輩は、羽田に帰ってくるときにチケット代をお支払いいただくという内容でサインをいただき、会社は関与せずに個人的にその男の子にお金を貸したいと主張しました。正直にいって、私は驚きました。さすがにそこまでしていいものか、判断がつきません。

「私も沖縄出身だから、お客さまが嘘をついていないことは地理的なご説明を聞いて確信できた。何より、危篤のお祖母さまに、今日を逃したら会えないかもしれない。沖縄から上京してくる人は、そういう事情のときに立ち会えないことも多い。でも今回はまだ間に合う。お財布の遺失物届を出して、移動していただくのがいいと思う。お金はきっと持ってきてくれるよ！」

結末は、その通りになりました。さすが日本、財布にお金はそっくり入ったまま、後日届けられて手元に戻りました。驚いたことに、それより早い1週間後、沖縄で事情を聞いたご両親が、羽田に帰ってきたときに代金を持ってきてくださったのです。

「おかげさまで、最期のときを家族みんなで過ごせました」と泣いていらっしゃいました。先輩は飄々と、笑顔でお金を受け取って笑っていましたが、私は心の中で拍手喝采！　先輩のグランドスタッフとしての観察力、行動力、ハートにしびれました。

グランドスタッフに嫌われる・好かれるお客さまとは？

航空会社は、多頻度顧客に向けて、マイレージサービスや、その会員ステータスに応じたサービスに力を入れています。リピーターになっていただくことが大切なので、素敵なデザインのタグをお贈りしたり、マイレージ会員カードの色をひと目でわかるように変えたり、お客さまの自尊心をくすぐるような仕掛けを考えるわけです。でも、なかにはそれをいいことに、空港に来ると豹変するお客さまも……。接客のプロであるグランドスタッフにも、ここだけの話ですが、苦手なお客さまというのは存在します。そこらへんの、なかなか口にしにくい実態について、こっそり現役社員に聞いてみました。

「長年この仕事をしていて、一番苦手なのは、やたらに横柄なお客さまですね。大体は、会社のお金で乗っているビジネスマンです。チケットの種類はグランドスタッフにはわかっているので、会社で買うビジネス回数券のようなものだと、社名までわかってしまうことも。もちろん絶対に顔には出しませんし、口外もしませんが、内心では『〇〇社かぁ、威張る方が多いなあ』と思っています（笑）」（日系航空会社グランドスタッフ）。

そして反対に、上級会員らしくスマートな旅を楽しまれている方は「さすが！」とスタッフの間でも噂になることも。そういう意味で、上級会員のお客さまは、お得。ちょっとしたお気遣いをいただくだけで、スタッフのリスペクトが集まるかもしれません。

「私たちは、ビジネスでご利用いただくリピーターのお客さまに支えられていることはよくわかっているので、基本はありがたく、また乗っていただけるように心を尽くして接客をしています。でも、横柄な方は人が変わったように威張るんです。空港・飛行機マジックでしょうか……？　だから、マイレージの上級会員の方で、グランドスタッフに普通の対応をしてくれて、礼儀正しく会話をしてくださると『あの方感じがいいねえ』と評価はダダ上がりです。スタッフたちは、毎週のように乗る方はほぼ覚えているので、たとえばアップグレードできるときは優先的にご案内するなど、素敵な対応のお客さまには、いつものお礼の気持ちを込めて、それくらいの計らいをすることはあるかもしれません」（日系航空会社グランドスタッフ）。

「大阪行きなどのビジネス路線で、旅慣れたお客さまに多いのが、せっかちでとにかく通路側、1列でも前に乗りたいお客さま。『もっといい席ないの？』と言いながら、モニターを覗き込んだり、向きを変えようとする方も。時間がないスタンバイカウンターで、我がもの顔で話しかけ、いい席を探そうとするお客さまには、ほとほと困り果てています」（日系航空会社グランドスタッフ）。

このようなシーンでは、グランドスタッフに下駄を預けて、鷹揚に構えているのが得策ですね。

航空業界には霊感がある人が多い？

グランドスタッフは、ときどき飛行機の客室に入り、すでに着席しているお客さまのカウントをすることがあります。これをキャビンチェックと呼び、たとえば最後までお客さまが搭乗口に現れず、形跡もない場合、万が一にも改札機をすり抜けてしまっている可能性もあるので、手にカウンター（計測器）を持って、目視で最終確認に入ります。そう、さながら昔の紅白歌合戦の「集計シーン」のごとく、です。ところがたまに、キャビンチェックすると「想定よりひとり多い!」となって、ほかのスタッフがカウントすると、やっぱり大丈夫だった、ということがあります。単純な数え間違えの可能性も高いでしょう。しかし、とある先輩の場合、彼女は非常に霊感が強く、さまざまな怪奇現象に遭遇することを知っている私たちは、無言でその先輩のカウンターを取り上げました。そう、皆さまのお知り合いのキャビンアテンダントさんから聞いたことはありませんか? 航空業界には、感受性や共感性が強い人が多いせいか、幽霊を見たという人に結構な頻度で出会うのです。

ある後輩スタッフは、特定のゲートでの仕事のたびにがっくりしていました。なんでもそのゲートには、いる、と言うのです。入社してからすぐに、そのゲートのアサインになると極端に嫌がっていました。そういうゲートに限って、扉がいつの間にか開いてしまう、誰かに話しかけられたような気がして振り返ると誰もいない、などのエピソードが以前からある場所だったりして、みんなでうつむいたり。

あるキャビンアテンダントの友達は「乗員が休憩をとるために、長距離便などの機内に設置されている簡易ベッドスペースで、誰かが寝ていると思っていたのに、次に見たらいな

また
ひとり
多い・・・
ゾクッ

かった」と眉をひそめていました。

また「霊感の強いキャビンアテンダントは、ステイと呼ばれる各就航地での宿泊時は大変」という話も聞きました。航空会社は、空港近くのホテルの数室を年単位で借り上げてステイ用にしていることが多いのですが、次第に「ステイホテルのあの部屋は出る」という噂が立つらしいのです。そうすると、その部屋には新人や、まだ入社年次が若い社員が泊まらされることが多いらしく、霊感の強い社員は塩を持ち歩いて、お清めしてから寝る、とそのキャビンアテンダント仲間が話していました。

そして〈見える〉〈霊感が強い〉と思しき経験は、お客さまに関連するエピソードにもあります。修学旅行で、200人ほどの団体のお客さまが乗るフライトがありました。私はたまたまバックオフィスを通りかかると、そのフライトの機長から無線が入り、生徒のうち十数人が、「とり憑かれて」錯乱状態になったというのです。にわかには信じられない話ですが、到着ゲートに、車椅子やストレッチャー、救急車配置の要請が入りました。グランドスタッフたちも、前代未聞の状況に半信半疑でしたが、とにかく人数が必要とのことで、私も車椅子を押してゲートに駆けつけました。すると、先に降機した一般のお客さまも「あの子たち、可哀想に……」と口々におっしゃるのです。機内にお迎えに行くと、女子学生を中心に、古い方言と思われる言葉で何かを叫ぶ子、泣きじゃくる子、失神している子など、壮絶な状況でした。聞けば、旅行先の戦没者を弔うある場所で添乗員の説明を聞くうちに、後方にいた彼女たちは元気が失くなったとのこと。しかしそのまま空港に向かう旅程だったため、飛行機に乗ったところ、フライト中に一斉に興奮してしまったのだとか。

それが何かに「とり憑かれた」からなのか、思春期の集団催眠のような状態なのか、わかる術はありません。ただ、私が一番驚いたのは、飛行機が着陸した直後に、上司たちが「お祓いを……」と相談していたこと。話を聞いていると、こういうケースはゼロではなく、お祓いする人にあてがあるような雰囲気でした。心霊現象などを信じない方にとっては、何のことかわからないような私の体験談ですが、その真偽はともかく、空港はそれほどさまざまな人が、さまざまな状況のもとで集中的に行き来する場所。ときには予想もしないハプニングがあるということは言えると思います。

3年も働けばベテランの仲間入り

さて次にグランドスタッフについての「裏事情」に移りましょう。航空業界は、若い女性が多いこともあり、入れ替わりの多い職場です。グランドスタッフの平均勤続年数は会社によりますが3〜5年ほどが多数。3年も働いていれば、責任のあるポジションを任されるようになります。もちろんなかには10年以上働いている人もいて、現場のリーダーとして牽引する役目を担っています。

私の同期も、当初は30名ほどいましたが、5年のうちに10人ほどになっていたと思います。現在まで働き続けている人は、カウンター、ゲート、コントロール業務、それぞれのポジションで「生き字引」のようになっています（笑）。

グランドスタッフのいいところは、仕事の幅が広く、知識も積み重ねていかなくてはならないために、飽きるということからは無縁なところ。半面、いろいろなことが起こり、その事件の幅が広いので、疲弊してしまう人がいるのも事実。早い人ですと研修中に辞めてしまうことも珍しくありません。2〜3年のうちに半分くらいになることもあります。

じつは、グランドスタッフのなかには、もともとキャビンアテンダント志望だった人も少なくありません。彼女たちも、グランドスタッフとして働きながら、キャビンアテンダントの受験をしていました。航空会社での勤務経験は、少なからずキャビンアテンダントの採用試験でもプラスに働くので、新卒のときに残念ながら不合格だった場合、こうして再挑戦する人も一部ですが、確実にいます。

また、最初はいずれキャビンアテンダントに転職するつもりでグランドスタッフになったものの、仕事の魅力に開眼し、誰よりも長く勤めている人もいます。グランドスタッフを何かの事情で辞めてしまったり、他業界で挑戦してみようと転職をした人でも、不思議なことに、再びグランドスタッフとして再就職するケースも多いように思います。

彼女たちに話をきくと、「もう体力的に無理、とかシフトが辛い、と思って一般企業に勤めたけれど……空港で、飛行機のそばで働くあの高揚感や、『毎日が真剣勝負！』っていう状況でサービスする緊張感や楽しさがどうしても忘れられなかった」といいます。

かくいう私も、グランドスタッフとして働いた日々を今でも懐かしく思い出します。もう少し体力があれば、戻りたいなあと思うこともしばしば。

それほどの魔力が、この仕事にはあるのです。

航空業界は、ハードです。華やかなイメージと裏腹に、長く続けるには適性はもちろん、体力と気力が充実していないと難しい。どんな仕事ももちろん見た目以上に苦労はあるものですが、たとえばグランドスタッフには個人のデスクや椅子がありません。これはすなわち、基本的に1日中立っているか歩いている、というのが前提ということ。もちろん座る業務もありますが、とにかく圧倒的に動いているか立っていることが多いです。一般企業から転職した私にとって、まずこれに慣れるのが少々大変でした。ちょっとホッとひと息、というのが2時間に1回程度の決められた休憩時間の10分か15分。それ以外は人前に出て、緊張状態ですから、「今日はちょっと体調が今ひとつだな……」という日は想像以上にシンドイもの。加えて不規則なシフト勤務です。5年勤めたら、そこそこのベテランになるのもうなずける話です。

空港で働くということは刺激的で、大変さと同じくらい、楽しみや喜びがあります。山あり谷あり、そこで長く働くには適性も必要ですが、得難い経験なので一度離れても、恋しくなることがあります。水も飲めないほど忙しいにもかかわらず（笑）。「出戻りグランドスタッフ」が予想以上に多い理由ですね。

4勤2休、一番のお楽しみはココ！

グランドスタッフは、ほとんどの空港で、早番・早番・遅番・遅番・休み・休みのパターンを基本としています。早番、とひと口に言っても、いくつものパターンがあり、4時台からの人もいれば、6時台からの人も。前月にシフトパターンが配られるまで、細かい時間はわかりません。このざっくりとした早番時間勤務が2日続くと、3日目は午後から出社の遅番パターンが2日続きます。

20代のころ、まだまだ体力がありますので、早番はお昼すぎに終わるとなればそのあとはプライベートをエンジョイ、遊びに行く人がほとんど。夜の飲み会や、友達との約束の時間まで、仮眠をとる猛者も。なぜなら、翌日は遅番で、出社がお昼すぎなのです。これは絶好の夜遊びチャンス（笑）。同僚と誘い合って、美味しいものを食べにいったり、バーやクラブに、と楽しんでいました。不思議と、航空業界に勤める者同士、制服を着ていなくてもわかるもので「あ、あの子も早番終わりかな？」なんて思いながら、レストランで会釈をしていました。

しかし意外にしんどいのがシフト後半。「遅番だからゆっくり眠れるでしょ？」とお思われるかもしれませんが、前日に、夜明けのずっと前に起きて20時間くらい仕事と飲み会、と駆け抜けた翌日、なかなかに体力が減っています。もちろん完全に自己責任なので、決してそんなことは口に出さず、仕事に没頭。4日目、遅番の終わり、深夜に及ぶことも少なくないので、そんなときは燃え尽きています。そして翌日は疲れをいやすために眠り、睡眠リズムが今ひとつのところに、休日2日目、つまり早番前日。「明日は3時起きか……」と思うと、寝坊できないというプレッシャーと、体内時計が狂っているのでうまく寝付けないこともあります。

平日が休みで嬉しい、という反面、グランドスタッフのシフト勤務はなかなかにハード。この働き方を5年以上続けられている人は、間違いなく体力があり、自己管理が得意な方です。クヨクヨしない、寝つきがいい、よく食べて、よく眠る。そんな健やかさが、ひときわ重要な仕事といえるでしょう。

蛇足ですが、お付き合いしている人が会社員で土日休みの場合、グランドスタッフの皆さんは、デートをするために涙ぐましい努力をしています。早番2日目や休日が、土日と重なるのを、グランドスタッフたちはとっても楽しみにしていたことを思い出します。

空港スタッフ同士の〈お付き合い〉はどのくらい？

空港といえば、グランドスタッフ以外にもいろいろな仕事をしている人がいます。飛行機を飛ばすために関わっている職業は、乗客が目にする以上にたくさんあります。そのなかでグランドスタッフが業務で関わるのは、どんな仕事があるのでしょうか？

無線でのやりとりがおもですが、航空機運航支援業務を担っているグランドハンドリングスタッフとは、日々連携を取りながら仕事をしています。また、キャビンアテンダントとは、ゲートで顔を合わせて乗客情報を伝達し、フライト後のドアオープン、異常がなかったかの確認などを行っています。手荷物検査場では、時間ギリギリにカウンターにジャンプインした（飛び込んできた）乗客を、優先的に検査していただくよう、係員にお願いすることもあります。乗客に、空港の施設の細かいことを尋ねられたならば、総合インフォメーションカウンターのスタッフに走って質問にいくこともあります。ゲートから飛行機までが遠い場合、バスで飛行機の近くまで運ぶので、そのリムジンバスのドライバーともコミュニケーションをとります。国際線がある空港ならば、税関職員や入国審査官とのやりとりもあります（第４章でそれぞれの仕事を掘り下げますので少々お待ちください）。

1日働いているだけで、さまざまな職種のスタッフと協働できるのが空港のいいところ。〈職場恋愛〉などという言葉もありますが、そういう意味で出会いのチャンスはたくさん。たまに「彼はもともとお客さまとして知り合ったのよ」なんていうグランドスタッフも。名刺を渡されて、なんていう展開もゼロではなさそうです。また、意外に多いのはパイロットとグランドスタッフのカップル。「え？　どこで接点が？」と思われるかもしれません。

じつは、大手航空会社では、パイロットを自社養成することがあり、その場合、パイロット訓練生（略してパイ訓またはＰ訓）は新卒で採用されます。その後、社会人として、航空会社社員としての心構えを身につけるために、空港や営業所などで半年ほど実務研修に出ます。私が勤務していた空港でも、定期的に10人ほどのＰ訓がグランドスタッフの〝いろは〟を学びにやってきました。ここに出会いが生まれます（笑）。同期のなかにも何人も、Ｐ訓と結婚した子がいました。航空業界同士、意外に同業他社の結婚も多いのが特徴です。

超ＶＩＰからプリズナーまで！　千差万別なお客さま

第２章でも少しだけ紹介しましたが、グランドスタッフになると、それまで無縁だった方と会う機会があります。首相のパスポートをチェックするときは、粗相のないようにことさら緊張しましたし、昔から憧れていた芸能人とひと言ふた言、業務上でお話ししたときは心拍数が急上昇！　たとえ自分が会えなくても、私がファンである芸能人が空港に来たときは、同僚が「オシャレだったよ」「優しい雰囲気だったよ」などとちょっと教えてくれて、勝手に舞い上がっていました。

また、航空会社内でプリズナーと呼称する、刑務所などへ移送される人も。手錠がほかのお客さまから見えないように、少し違うタイミングや動線で、目立たないように私服姿の警察の方と一緒に搭乗されます。ごくまれに、ニュースで知っている事件の犯人もいて、複雑な気分になりますが、エアラインのスタッフとしてプロらしく、普段通りに手続きを心がけています。何より、ほかのお客さまが気づいてご心配なさらないように、動線や会話に細心の注意を払っています。

では、グランドスタッフはどの時点で特別な対応が必要なお客さまがいらっしゃることを周知されるのでしょうか。グランドスタッフは、勤務開始時にブリーフィングと呼ばれる10分程度の全体ミーティングで、その日の最新情報を共有します。ここで予約リストに特別なケアを必要とする方がいる場合なども確認します。芸能人や文化人など、場合によっては空港に人が集まってしまい、混乱が起きかねないからです。そういった有名人の場合は担当のグランドスタッフを配置し、少し違う動線でご案内することもあります。アサインされたスタッフは、内心のドキドキを隠しつつ、プロとしてサービスに徹します。決してサインをしてください、などとお願いすることはできません。ただ、たとえばオリンピック選手が試合のために移動していることが明らかな場合などは、「頑張ってください！」と最後に言葉を添える程度のことはあります。そこで「ありがとう」と笑顔で答えてくれるような方は、「あの人はとても素敵だから応援したい」などとグランドスタッフのなかでこっそり語られることもあります。たとえば元ニューヨークヤンキースの松井秀喜選手は、スタッフにもいつでも紳士的に対応してくださり、たびたびその「神対応」が職場内で話題になっていました。

グランドスタッフは究極の接客業!?

飛行機は公共交通機関なので、等しくさまざまな方がご利用になります。赤ちゃんからご老人まで、それこそＶＩＰからプリズナーまで……。グランドスタッフという仕事は、

その幅広さに対して、やりがいを感じられる人に向いていますね。世の中に接客業はたくさんありますが、代表的なものとして思い浮かぶホテルやデパートにおける接客業とは決定的に違う点があります。グランドスタッフには、一流のサービスや心遣いを求められるのはもちろんですが、大前提として公共交通機関のスタッフとして、安全を守り、規律を守るため、ときには非常にシビアにならざるを得ないという点です。また、老若男女、目的も違えばご希望も異なる幅広い層や事情のお客さまと対峙する。そのような混沌とした状況下でサービスを行うのが、グランドスタッフの大変さであり、やりがいなのです。

このような特性から、毎日いつもと同じように仕事をしたい、ルーティンが得意、という人よりも、何が起こるかわからない、自分の対応力と判断力が試される、ちょっぴりミーハー気分でテンションを上げられる、そういう人は長続きします。余談ですが、航空会社にはB型が多いといわれています。関係があるのかはわかりませんが、くよくよしない、ある程度割り切れる、社交的、いい意味でマイペースな部分がある、そういうタイプが結果的に勤続年数が長いのが、グランドスタッフの現場の特徴です。

超理不尽なクレームにどう対応するか

航空会社は、公共交通機関であると同時に、サービス業です。この両立が、意外に難しい。安全第一である以上、ときには、乗客の不興を買っても毅然と対応をしなくてはなりません。しかし、とくに日本は、航空会社に対する期待値が高く、実際にさまざまな要望、つまりはクレームを受けることもしばしば。

このすべての要望に、何でも応えるわけにはいきません。それこそ、安全を阻害されてしまうこともあるのです。そこを見極めながら、最高のサービスを提供するのが、グランドスタッフの腕の見せ所です。

私が経験した代表的なクレームを挙げてみたいと思います。

「台風で飛行機が遅れたせいで、仕事に影響が出たので損失額を補償して」「払い戻し不可のチケットだが、予定が変わったので払い戻して」「ギリギリに空港にきたら離れた席しか残っていない、どうにか彼女を隣に」「係員の態度が悪い、責任者を出せ」「数分チェックインが遅れただけでキャンセルされるなんて納得いかない。全額返金しろ」などなど。

いずれも、気持ちがわかるけれど「安全のために設けられたルールの範囲なのです」と誠意を持って説明することが重要です。心が通えば、納得いただけることも多いもの。しかし、少しでも適当な対応をしてしまえば、火に油、ますますもめることは必定です。ベテランスタッフからの「お客さまの目を見て、落ち着いて真摯に話すのが一番」とはよく聞かれる言葉です。

今は教官が優しいって本当？　訓練の今昔

ひと昔前は、航空業界の訓練は厳しいのが当たり前という風潮がありました。古くはドラマ「スチュワーデス物語」に代表されるあのテンションです。安全を司る仕事ですから、当然です。グランドスタッフも入社後、まずは基本的業務知識を身につけるため1カ月程度の座学やOJTがあります。

実際、私も訓練のときに何度か涙目になりました。もっとも、ただの素人を、数週間でエアラインの制服を着せて最前線に立たせるのですから、のんびり褒めて伸ばしている暇はなかったのでしょう。

テキストは分厚く、次々とテストがあります。航空業界は、独特の用語が非常に多いので、この訓練期間に「人生で一番勉強した」という声も聞かれるほど。例を挙げてみましょう。ご存知の通り、世界中の空港には3レターコード、4レターコードと呼ばれるアルファベットの記号で称される空港コードがあります。また、各航空会社も、2レターコード、3レターコードを付与され、業務上はそのコードで呼ばれることが多いです。

荷物のタグや無線でも、このコードでやり取りをするため、覚えていないようではお話になりません。少なくとも、自社が就航している空港のコードは、ラインアウト、つまり一人前のスタッフとしてお客さまの前に立った瞬間から多用するもの。当然、訓練でもかなり早いタイミングで「完璧に暗記してくるように」とお達しがあります。しかし、次ページの表をご覧ください。……すぐに必要な国内空港の3レターコードや航空会社コードだけでも、なかなかのボリュームです。

新人スタッフは、まず寝ても覚めてもこれを暗記するため、このコードを唱え続けます。たとえば、広島空港は3レターコードでHIJと表記されますが、最後のJがどうにも覚えにくい。そんなときは、「HIJ、ヒロシマジャパン!!」などと叫びながら覚えるわけです。しかし、このコード、ひとたび覚えると、仕事以外のシーンでも意外と役に立つもの。旅行に行くときにチケットや荷物タグに印字されたコードを見て、よしよし、などと悦に入ることもしばしばです。

日本の空港3レター&4レターコード一覧

3レターコード	4レターコード	空港名	都道府県名
KMQ	RJNK	小松空港	石川県
NTQ	RJNW	能登空港	石川県
FKJ	RJNF	福井空港	福井県
FSZ	RJNS	静岡空港	静岡県
NGO	RJGG	中部国際空港	愛知県
NKM	RJNA	名古屋飛行場（小牧空港）	愛知県
KIX	RJBB	関西国際空港	大阪府
ITM	RJOO	大阪国際空港（伊丹空港）	大阪府
UKB	RJBE	神戸空港	兵庫県
TJH	RJBT	但馬空港	兵庫県
SHM	RJBD	南紀白浜空港	和歌山県
OKJ	RJOB	岡山空港	岡山県
TTJ	RJOR	鳥取空港	鳥取県
YGJ	RJOH	米子空港	鳥取県
IZO	RJOC	出雲空港	島根県
IWJ	RJOW	石見空港	島根県
OKI	RJNO	隠岐空港	島根県
HIJ	RJOA	広島空港	広島県
HIW	RJBH	※広島西飛行場	広島県
UBJ	RJDC	山口宇部空港	山口県
IWK	RJOI	岩国錦帯橋空港	山口県
TAK	RJOT	高松空港	香川県
TKS	RJOS	徳島空港	徳島県
MYJ	RJOM	松山空港	愛媛県
KCZ	RJOK	高知空港	高知県
FUK	RJFF	福岡空港	福岡県
KKJ	RJFR	北九州空港	福岡県
HSG	RJFS	佐賀空港	佐賀県
NGS	RJFU	長崎空港	長崎県
FUJ	RJFE	福江空港	長崎県
TSJ	RJDT	対馬空港	長崎県

3レターコード	4レターコード	空港名	都道府県名
CTS	RJCC	新千歳空港	北海道
RBJ	RJCR	礼文空港	北海道
RIS	RJER	利尻空港	北海道
WKJ	RJCW	稚内空港	北海道
MBE	RJEB	紋別空港	北海道
MMB	RJCM	女満別空港	北海道
SHB	RJCN	中標津空港	北海道
AKJ	RJEC	旭川空港	北海道
KUH	RJCK	釧路空港	北海道
OBO	RJCB	帯広空港	北海道
OKD	RJCO	丘珠空港	北海道
OIR	RJEO	奥尻空港	北海道
HKD	RJCH	函館空港	北海道
AOJ	RJSA	青森空港	青森県
MSJ	RJSM	三沢空港	青森県
AXT	RJSK	秋田空港	秋田県
ONJ	RJSR	大館能代空港	秋田県
HNA	RJSI	花巻空港	岩手県
GAJ	RJSC	山形空港	山形県
SYO	RJSY	庄内空港	山形県
SDJ	RJSS	仙台空港	宮城県
FKS	RJSF	福島空港	福島県
IBR	RJAH	茨城空港	茨城県
NRT	RJAA	成田国際空港	千葉県
HND	RJTT	東京国際空港（羽田空港）	東京都
OIM	RJTO	大島空港	東京都
MYE	RJTQ	三宅島空港	東京都
HAC	RJTH	八丈島空港	東京都
KIJ	RJSN	新潟空港	新潟県
SDS	RJSD	佐渡空港	新潟県
MMJ	RJAF	松本空港	長野県
TOY	RJNT	富山空港	富山県

※広島西飛行場は2012（平成24）年に廃港

3レターコード	4レターコード	空港名	都道府県名
OKA	ROAH	那覇空港	沖縄県
IEJ	RORE	伊江島空港	沖縄県
AGJ	RORA	粟国空港	沖縄県
UEO	ROKJ	久米島空港	沖縄県
KJP	ROKR	慶良間空港	沖縄県
KTD	RORK	北大東空港	沖縄県
MMD	ROMD	南大東空港	沖縄県
MMY	ROMY	宮古空港	沖縄県
SHI	RORS	下地島空港	沖縄県
TRA	RORT	多良間空港	沖縄県
ISG	ROIG	新石垣空港	沖縄県
HTR	RORH	波照間空港	沖縄県
OGN	ROYN	与那国空港	沖縄県

3レターコード	4レターコード	空港名	都道府県名
IKI	RJDB	壱岐空港	長崎県
OIT	RJFO	大分空港	大分県
KMJ	RJFT	熊本空港	熊本県
AXJ	RJDA	天草空港	熊本県
KMI	RJFM	宮崎空港	宮崎県
KOJ	RJFK	鹿児島空港	鹿児島県
TNE	RJFG	種子島空港	鹿児島県
KUM	RJFC	屋久島空港	鹿児島県
ASJ	RJKA	奄美空港	鹿児島県
KKX	RJKI	喜界空港	鹿児島県
TKN	RJKN	徳之島空港	鹿児島県
OKE	RJKB	沖永良部空港	鹿児島県
RNJ	RORY	与論空港	鹿児島県

※空港コードとは、空港ひとつひとつに付けられるコード。IATA（国際航空運送協会）によるアルファベット3文字のコードと、ICAO（国際民間航空機関）による英数4文字のコードがある。グランドスタッフが通常業務でおもに使用するのは3レターコード。

航空会社コード一覧

2レターコード	3レターコード	航空会社名
XM	JAR	ジェイエア
JH	FDA	フジドリームエアラインズ
EH	AKX	ANAウィングス
-	NTH	北海道エアシステム
OC	ORC	オリエンタルエアブリッジ
MZ	AHX	天草エアライン
JC	JAC	日本エアコミューター
-	NJA	新日本航空
NU	JTA	日本トランスオーシャン航空
-	RAC	琉球エアコミューター
-	CUK	新中央航空
-	DAK	第一航空

2レターコード	3レターコード	航空会社名
JL	JAL	日本航空
NH	ANA	全日本空輸
HD	ADO	エア・ドゥ
GK	JJP	ジェットスター・ジャパン
MM	APJ	Peach・Aviation
6J	SNJ	ソラシドエア
7G	SFJ	スターフライヤー
BC	SKY	スカイマーク
DJ	WAJ	エアアジア・ジャパン
IJ	SJO	春秋航空日本
ZG	TZP	ZIP AIR
NQ	AJX	エアージャパン
FW	IBX	IBEXエアラインズ

※3レターコードはICAOにより定められているコード。航空管制やフライトプラン等、航空機の運航に関連する公的機関のレベルで使用されている。2レターコードは、IATAにより定められており、世界各地の航空会社に割り当てられている。

仕事に必要な最低限の用語や数字、チケットの種別や決まりごとを学んだあとは、実際のカウンターやチェックイン機と同じものを使っての訓練です。航空専門学校で学んできた人は、すでに専門学校時代にこのような基本知識を習得しているので、多少余裕があるはず。もっとも、もちろん各社、マニュアルも訓練体制も充実しているので、私のようにゼロ以下からのスタートでも必死で勉強すれば問題はありません。

知識が身についたら、ペーパーテストや実技試験を経て、合格するとＯＪＴが始まります。つまり実地訓練。実際のカウンターに出て、接客をするのです。前の晩は眠れないほど緊張しますし、当日カウンターに出る前に脚が震えたのをよく覚えています。

もちろん、最初は新人１人につき１人の「ＯＪＴのお母さん」と呼ばれる先輩社員が横について、ミスが起こらないよう、乗客に迷惑がかからないよう、目を光らせています。これが安心だけど、恐ろしい（笑）。接客をするごとに、ちらりと「お母さん」を見ると、たいていは厳しい顔つきでなにごとかをメモしています。そして休み時間には、こってりとダメ出し、いえ、ご指導いただける。私の時代はたいてい誰かが業務後に泣いていました。そんな濃厚な１週間程度のＯＪＴを見事クリアした者だけが、訓練生バッジを外し、一人前のスタッフとしてデビューすることができます。

ところが、そのような訓練も今は昔。現役のグランドスタッフに話を伺うと、もちろん安全に関わる部分は変わらず厳しいのですが、少なくとも私の頃に散見された「やって覚えろ、見て覚えろ！」という超体育会系の風潮は流行らないようです。当時は、「カウンターに立っていて、お客さまに間違えてご案内をした瞬間、隣にいて笑顔満開で接客中の先輩からハイヒールで蹴られた」なんていう噂もありました。今は決してそんなことはない、と取材中は皆さん笑顔でお答えになります。……完璧な笑顔を浮かべる後輩たちには、それ以上聞くことはできないのも、本当です。

グランドスタッフになるとココが磨かれる！

ここでしか語れない私の経験談、少しはお楽しみいただけたでしょうか。このような濃い体験を経て、グランドスタッフの対人スキルは少しずつ磨かれ、結果的にいくつかの特技や特性が培われていきます。そしてそれはさまざまな理由で転職したあとも、まったく異なる職種でも予想以上に生かされるもの。果たしてどのような〈特技〉が身につくのでしょうか？

【瞬発力&臨機応変力】

「一般企業に転職して気づきましたが、グランドスタッフほど1秒を争う現場は、普通の会社にはめったにないんですね。事務に転職したのですが、PC作業をしていると気がせいて、いつの間にか中腰になっていることも！　そのおかげか、何か想定外の事態が起こったときも、比較的落ち着いて素早く判断できますし、変更があっても文句をいうよりも早く、解決策や対応方法を考える癖がついています」（元日系航空会社グランドスタッフ）。

どんな仕事でも、瞬発力や臨機応変に対応できる力は大切ですが、とくにグランドスタッフはその決断を乗客の前で、素早く行う必要があります。そして、その決断は、航空機の安全性に直結するので、まさに一瞬一瞬が勝負。私がグランドスタッフとして働いていたとき、まだ20代前半で、このように絶対に誤ってはならない判断を下す状況が多いことに衝撃を受けました。その責任の重さにおののきながらも、容赦なく判断を迫られます。そこで、恥も外聞も捨てて、少しでも迷ったときは先輩スタッフに質問したり、手元の資料を確認したりもしていました。曖昧なままで進めてしまうと、取り返しのつかないことが起こります。しかし、今思えば、ダブルチェック、トリプルチェック機能があり、万が一のときも決して致命的なことにならないシステムが構築されています。

【人を見る目&観察力】

「統計学、に近いというか……あまりにもたくさんの人と接してきたので、多少言葉を交わすと、その方がどういう人なのか、ある程度判断がつくようになります。もちろん第一印象と違うこともたくさんあるのですが、それでも、一事が万事という言葉もありますし、やっぱり当たってるなあと思うことが多いですね」（日系航空会社グランドスタッフ）。

このようなスキルが最大限に発揮されたとき、お客さまに「なぜわかったの!?」「どうしてお願いしたい内容を知ってるの?」と驚き、喜んでいただけます。ひとたびその楽しみを覚えると、グランドスタッフは俄然張り切り（笑）、どんどんスキルアップ、やがてベテランスタッフは傍から見ると超人的な慧眼を身につけます。このような個人の力が、日本のエアラインの品質を下支えしているといっても過言ではありません。

これは、決して侮ることはできません。いつもと違う様子や異変に気づく力で、大きな事故を防いだ例はたくさんあります。「良くないことを考えて飛行機に乗ろうとしている人が、極端に汚れた靴や紙袋を持ち、どことなく異様な雰囲気で歩いていることに気づき、周囲に共有することで事件を未然に防いだ」という話を聞いたこともあります。

飛行機にはさまざまな状況の方がいるなかで、プライバシーを守りながら、それでも異変を敏感に感じ取るというセンサーは、日々磨かれていくのがグランドスタッフです。

【非礼な接客に厳しい】

特技とはいえませんが、グランドスタッフの哀しき習性（?・）についてもご紹介しましょう。

「自分が接客業、しかも航空会社の最前線で働いていたぶん、普通の人よりもサービス業の人に対して優しいんじゃないかなと思います。グランドスタッフの同期で食事に行くと、もうみんな気が利いて、お皿をさっと寄せたり、スタッフに感謝を伝えたり、別会計などで手を煩わせないよう努力したり、結構いいお客さまなんじゃないかななんて思います。でもそのぶん、おかしなサービスや態度に遭遇すると、それはそれは厳しいです（笑）。ミスには寛大ですが、非礼には厳しいといいますか。それは接客としてあり得ないな、ということがあると、黙っていられない性分です。グランドスタッフではない友人と一緒に旅行などに行くと、その変わり身に引かれることもしばしば」（日系航空会社グランドスタッフ）。

【早食い・大食い】

「グランドスタッフの宿命。それは早食いかつ大食いであること。就業中は、1時間ほどの長いお休みが1回あるのですが、現場から休憩所に移動したり、レストランに入ったりして、食べてからメイクを直して、歯を磨いて、時間にまた現場に戻る、というのを考えると、60分の休みがあっても正味30分くらい食事ができたら御の字。そして半分くらいの確率でシフトは伸びますし、チームプレーなので、何かトラブルが起きたとき、『私休憩なのであとはよろしく』などという気分にはなりません。したがって、10分で食事を済ませるなんていうことも日常茶飯事です。その結果、食べられるときにできるだけたくさん食べる、というスキルが磨かれるわけで……。女性としてなんとも美しくはないのですが、これはもう習性なので、辞めてからも決して治らず、新しい職場で驚かれることもあります」（元日系航空会社グランドスタッフ）

Column

ＪＡＬ歴代制服とスタッフの本音

グランドスタッフの制服で、個人的に好きなのは１９８８（昭和63）年から２００４（平成16）年までＪＡＬで着用された4代目、島田順子さんデザインの制服です。ウエストのベルトにロゴが入り、スカーフリボンのデザインも2種類、さらに色違いで選ぶことができました。しっかりした肩回りのジャケットもあり、スカートはタイトシルエット。今見てもレトロ可愛いという表現がぴったり。スタッフたちにもこの制服は評判でした。もっとも、ジャケットはちょっと重たくて、走り回るグランドスタッフにとってそこは賛否両論でしたが……やっぱり着たほうがきちんとして見えるので、夏以外は絶対着る！　という美意識の高い（？）人もいました。

その後、２００４（平成16）年から２０１３（平成25）年まで着用された5代目は、グレーを基調とした落ち着いた雰囲気。ＪＡＬがグレー系をベースにすることは珍しいので、貴重な制服です。落ち着いたイメージの制服なので、赤をベースとしたスカーフの華やかさに命をかけるスタッフが続出。結び方はある程度自由だったので、皆自分に似合う結び方をそれぞれに研究していました。

２０１３（平成25）年からは丸山敬太さんデザインの制服に。伝統とモダンを融合した

エアラインの制服は時代の流行と機能性を上手に採り入れている

素晴らしい制服で、スタッフにも評判は上々。地上職の制服としては一番人気があるような気がしています。

そして2020（令和2）年からはデザイナー江角泰俊さんの制服に。コンセプトはハイブリッドビューティー。2代目制服以来のワンピーススタイルを導入しています。美しいシルエットでありながら、動きやすさを追求していて、現場でも大好評。ロングタイプのスカーフには、デザイナー自身の手描きによる花模様が約20色の色づかいであしらわれていて、グランドスタッフのアイデアにもとづき自由な結び方ができるようになっているそうです。JALらしい、エレガントで先進的な制服ですね。

制服は、グランドスタッフにとって、想像以上にモチベーションを左右するアイテム。いつ見ても、ビシッと着こなしているのは、彼女たちの矜持と美意識のあらわれでもあります。

グランドスタッフ直伝！ 羽田空港㊙情報

お客さまにとっては旅や出張の玄関口であり、ちょっとした非日常空間である空港。しかしグランドスタッフにとって、在籍している空港はいわばホームグラウンドであり、知らない場所はないといっても過言ではありません。ここでは私の勤務先だった羽田空港を中心に、グランドスタッフ目線でお役立ち情報をお伝えしたいと思います。

羽田空港アクセス網

早朝から深夜まで、電車やモノレールの始発や終電を超えた時間帯に働いているのが羽田空港のグランドスタッフ。そのような場合の出勤手段は、会社が手配したタクシーになります。スタッフは、早番の前日にタクシーの配車表を確認。会社は、同じシフトで出勤する社員のなかから、なるべく近いエリアに住んでいるメンバーを2〜3人のグループにし、乗り合いで空港に来られるように手配してくれます。終電後のシフトも同様です。同じ方向に帰るスタッフがいない場合は、１人で乗車することもあります。いずれにせよ、運賃は会社が支払います。グランドスタッフやキャビンアテンダントの募集要項に、しばしば「空港から居住地までの距離が40㎞以内であること」などの規定があるのはこのためです。

もちろん公共交通機関が動いている時間は、それを利用します。京急線、東京モノレールがおもな手段ですが、住宅街を通る京急線のほうがいくぶん、航空関係者が多い印象です。蒲田周辺に住んでいるスタッフも多く、入社後一人暮らしをする場合は会社が紹介する物件も、このあたりが多いようです。

じつは、始発が羽田空港に到着するのは、東京モノレールのほうが少しだけ早いのをご存知でしょうか？（２０２２年11月時点）そのため、休日に「自社便の飛行機を空席待ちして遊びに行きたい！」というときは、モノレールで空港に来るスタッフも多いです。京急線と10分ほどの差ですが、早く到着したぶん、空席待ちの順番は早くなりますから、目当ての飛行機に乗れる確率が上がるためです。皆さんも記憶の片隅にとどめていただけたら、早朝便をご利用の際はお役に立つかもしれません。

京急とモノレール、どちらを使う？

羽田空港から都心に向かうときに、おもな手段となるのは、前述したように京急線と東京モノレールです。ご存知の通り、京急線は蒲田を経由して品川駅へ、東京モノレールは天王洲アイルを通って浜松町駅へ、両者ともに最速13分で都心にアクセスすることができます。

では、羽田空港で働くグランドスタッフは、どちらを利用することが多いのでしょうか？

じつは航空会社によって、スタッフが利用する路線に傾向があります。

もちろん居住地により便利なほうというのが前提ですが、グランドスタッフ時代の私のように、東京の城東方面に住んでいる場合はどちらでもさほど変わりません。すると、時間以外の要素で

羽田空港の利用者にとって、この２択は悩み所。それほど双方とも優れたアクセス線と言える

通勤路線を選びます。

東京モノレールには、ＪＡＬの本社がある天王洲アイル駅があります。また、新整備場駅からは、ＪＡＬの訓練センターにアクセスすることもできます。キャビンアテンダントやグランドスタッフは、基本的に空港に通勤しますが、訓練や研修などで本社や訓練センターに行くこともあります。したがって、自社の基幹部門が沿線にあると、通勤路線に選びやすいといえるかもしれません。天王洲アイルにある『Ｔ．Ｙ．ＨＡＲＢＯＲ』という素敵なレストランでは、しばしばＪＡＬのスタッフが食事をしているのを目にします。

一方、京急線は、泉岳寺駅から都営浅草線にダイレクトに接続しているので、ＡＮＡの本社がある新橋駅に乗り換えなしで出ることが可能です。穴守稲荷駅にはＡＮＡの訓練センターもあるので、おのずとＡＮＡの社員の利用が多くなるようです。飲み会は蒲田もしくは銀座周辺が多いようですね。

京急線は、２０１９（令和元）年に空港線運賃の値下げをして、羽田空港から品川まで３００円（普通乗車券）とリーズナブル。一方、東京モノレールは利用日の限定はありますが、羽田空港から山手線内の駅どこで降りても５００円（普通乗車券）、というお得な切符もあります。皆さんもご旅行やビジネスでご利用の場合は、目的地や手段に応じてぜひ比較検討してみてください。

羽田空港へのアクセスと周辺路線図

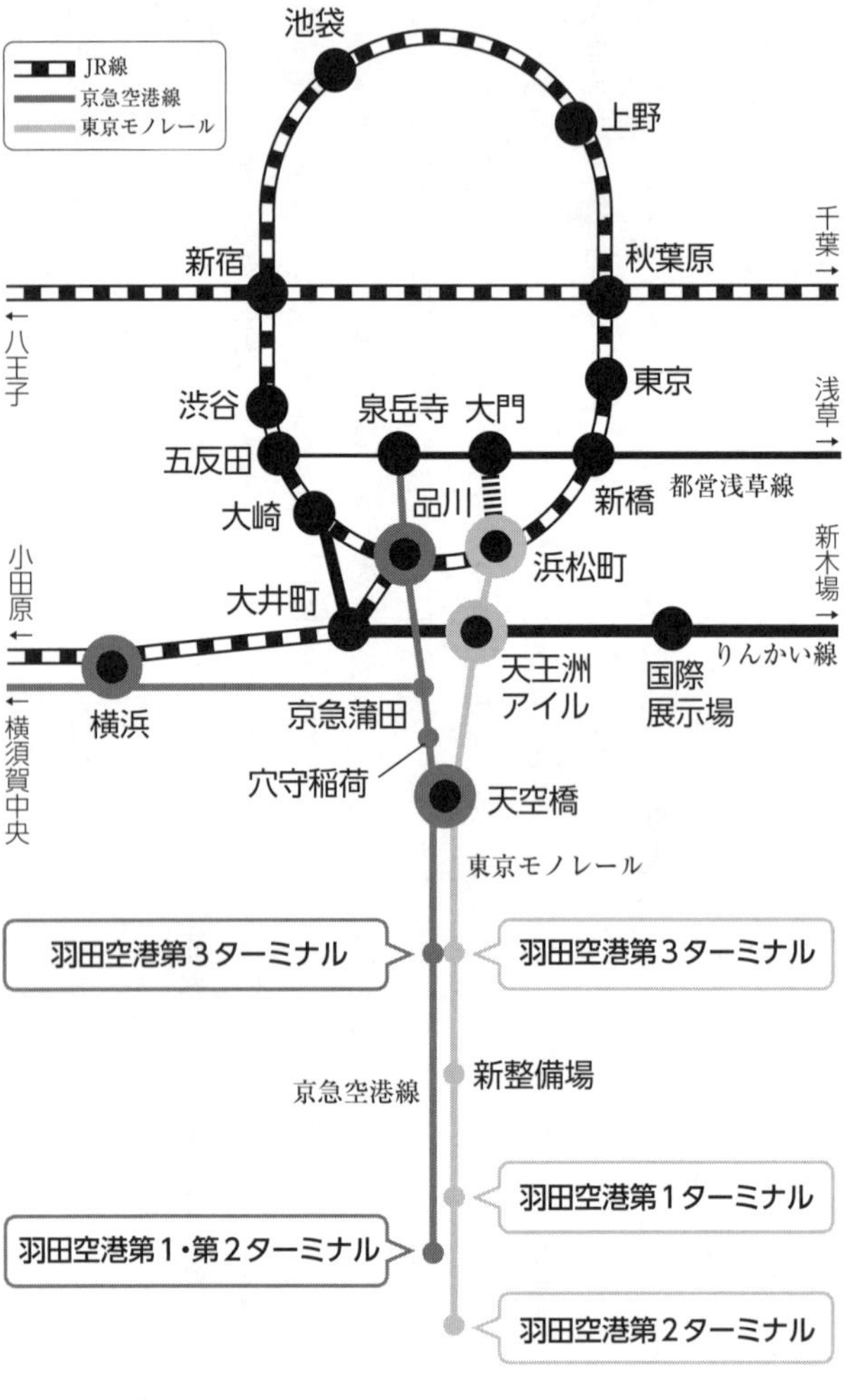

〝グランドスタッフ流〟空港旅のススメ

空港に出退勤するグランドスタッフ。仕事が終わってから、そのまま飛行機を利用して旅行へ、というのも日常茶飯事。でもシフト勤務のため、そんなにすぐに、有給休暇をたくさんとれるわけではありません。ぶらり小さな旅、つまり、シフトの合間に日帰りや1泊2日で、空港やその周辺だけでたっぷり楽しめる旅行プランを組むのが得意になります。

私の一番のおススメは新千歳空港。空港は広大で、北の海の幸やスイーツがたっぷりと楽しめるレストランやショップがぎっしり。温泉や展望デッキ、テーマパークや映画館まであるので、私も日帰り旅ならぬ空港旅によく行きます。1泊できる場合は、空港、もしくは隣接の千歳駅周辺にホテルがたくさんあるのでそこで宿をとり、泉質最高の支笏湖温泉や、馬と触れ合えるノーザンホースパーク、札幌観光や北広島の三井アウトレットパークに足を延ばすのもいいですね。

1泊2日でご当地グルメを楽しむ、という観点でしたら、市の中心部に近い福岡空港や、海鮮市場などの観光地に空港からバスで30分程度の函館空港もおススメです。

グランドスタッフのおススメ羽田空港絶景スポット

羽田空港で働いていると、お客さまから空港自体についてさまざまな質問を受けます。「飛行機に乗るまで、どこかで時間をつぶしたいのだけど、おススメの場所はありますか?」「飛行機を見ながら食事をしたい」「子どもを遊ばせられるところはありますか?」など。なかには「プロポーズするのにいいところはありますか?」とお尋ねになる方も。グランドスタッフはそんなときのために、あんちょこに見聞きした情報をこっそりとメモしています。

羽田空港はご存知の通り都心の景色を望み、海沿いに位置する24時間眠らない空港です。したがって、それぞれの時間に異なる景色を楽しむことができます。そして素敵な店舗や楽しいスポットがたくさん。「グランドスタッフ直伝」羽田空港おススメスポットをご紹介します。

【天気がよければ富士山も。絶景展望デッキ】

羽田空港には3つのターミナルがあり、それぞれに展望デッキがあります。各ターミナ

東京湾のベイエリアが見渡せる第２ターミナルの展望デッキ

ルの特徴を知っていれば、大きく趣の異なる景色が拝めます。

まずはＪＡＬの国内線がメインの第1ターミナル。6階の屋上展望デッキからは、360度のパノラマで景色を楽しめます。6階と屋上階からなる2階構造なのでとても広く、ファミリーでのんびり過ごすことが可能です。私も、我が子がまだ小さいころに旅行をした際、飛行機でぐっすり眠ってほしいときは、早めに空港に行ってここで走らせていました（笑）。冬や夏など、屋内でゆっくり座って飛行機を眺めたいときは、『LDH kitchen THE TOKYO HANEDA』『スターバックスコーヒー』『スカイステーション』などの店舗がおススメです。

つぎにＡＮＡの国内線がメインの第2ターミナル。こちらの展望デッキの魅力は、なんといっても海が目の前に広がる絶景！　天気が良ければ東京ディズニーランドや房総半島まで見渡せます。夜にはベイエリアの綺麗な夜景も楽しめます。究極のデートスポットとしても名高いデッキ。「ここでプロポーズした」という航空業界カップルの話も聞いたことがあります。ターミナル内の店から飛行機が見たい場合は、『エアポートグリル&バール』『南国酒家』『カステルモーラ』『シーニックカフェ』『アミーチデルテ』がいいでしょう。

最後に国際線がメインの第3ターミナル。こちらの展望デッキからは東京タワーや東京スカイツリーが見えます。また、正面に管制塔が見えるのはここだけなので、ぜひ管制塔と飛行機の写真を撮ってみてください。都市側が一望できるので、夜景も素晴らしいデッキです。国際線の飛行機が多く駐機しているので、珍しい機体の写真を撮ることができるかもしれません。

【旅の安全を祈願】

絶景スポットではありませんが、羽田空港には航空業界の繁栄、航空安全輸送を祈念する羽田航空神社があるのをご存知でしょうか。第1ターミナル1階の奥まったところにあるので、ご興味がある方はインフォメーションカウンターに聞いてみてください。旅の話題づくりにひと役買ってくれるかもしれません。

また、第3ターミナルの5階「お祭り広場」には、絵馬のような木札が飾ってあります（2022年現在）。旅の安全にとどまらず、開運成就から合格祈願、恋愛成就など、皆さんの願いを込めた木札は、広場に飾っても持ち帰ってもOK。木札はお祭り広場の自動販売機にて1枚550円で購入可能です。

ちなみに、お祭り広場から展望デッキに向かう通路スペースには、羽田空港に就航している国際線航空会社のモデルプレーンや空港で働くスタッフの写真が展示されています。人気なのはフライトシミュレーター。シミュレーターは有料ですが、操縦体験が楽しめるとあって、大人から子どもまで、大人気のアミューズメントスポットです。

Column

航空券はいつどこで買うのがお得？

以前に比べ、航空券の種類が多様になりました。しかもWEBでの購入が一般的になり、ますます「どうやって選択したらいいの？」とおっしゃる方もいるかもしれません。

目的地が決まっている場合、まずは航空会社のWEBサイトを見るのがおススメです。旅行代理店が販売するチケットには手数料が加算されていることもあります。もっとも、ホテルも一緒になったパッケージツアーなどはお得なものも多数あるので、旅行で宿も一緒に、と考えている場合はそちらも検討してください。

航空券だけ購入する場合、LCCが就航している空港の場合は、そちらが安いことが多いです。とくに、期間限定で販売されるバーゲンチケットは、片道5000円など驚くような値段も。ただし、こまめにWEBサイトをチェックし、メール会員などになって情報を収集したうえで、発売日にPCの前でスタンバイするくらいの気概が必要です。たいていは開始数分で売り切れるほどなので、事前の情報収集が大切ですね。

そのような時間がない場合も、がっかりするのは早計。早期割引や、深夜早朝便など、少し利用する人を選ぶフライトを狙うと、大手航空会社でもLCCと同じくらい安い場合もありますので、要チェック。

航空券は通常、搭乗日の2カ月前、同じ日付の9時30分から、WEBサイトや航空会社の営業所、旅行代理店で販売を開始しますが、それよりも早く、JALの「先得」、ANAの「早割」に代表される早期割引航空券も発売されます。搭乗日が決まっていれば、できるだけ早く購入するのがベターといえるでしょう。ただし、これらのお得な運賃チケットには制約があり、フライト変更不可だったり、キャンセル料が割高に設定されていたりするので注意が必要です。

航空会社都合や天候事由でフライトがキャンセルになった場合、空港に早く到着した乗客は、チケットの種類にかかわらず前便に振り替えOKなこともありますが、これは計算できるものではなく、アテにはできませんね。

でも、ちょっとしたコツのようなものはあります。空席待ちをするしかなく、何が何でも乗りたいときは、私は始発電車が空港に到着する前に空席待ちカードを発券し待機します。東京モノレール・京急線を利用した場合、多くのお客さまが空港に到着するのは5時15分〜30分前後。ここである程度の人数のお客さまがカウンターに向かいますから、それよりも10分程度でも早く空席待ちカードを発券できれば有利ですよね。そのためにはタクシー・バスを利用する、前泊で空港付近のホテルに宿泊するなどの方法があります。始発に乗る場合も、できるだけ改札口に近い車両に乗って、足早にカウンターに向かうのが吉です。

また、羽田－伊丹便や札幌便、福岡便のようなビジネス路線では、普段から空席待ちのお客さまが多いのが特徴。仕事を終えて空港にいらっしゃる方が多いので、夕方の17時すぎからがもっとも混雑します。マイレージ上級会員の方も多いので、ここで振り替えてもらうのは簡単ではありません。できれば17時より少しでも前の便に乗れるように空港に行ってみましょう。航空会社としては最終便に近づくにつれて、満席やオーバーブック（予約は取れているのに席がない状態）しているようなときは、できるだけ前便にご案内したいという事情もあります。ダメで元々、スタッフに聞いてみるといいかもしれません。

そして少々マニアックですが、飛行機のコンフィギュレーション（座席配置）をＷＥＢサイトでチェックして目星をつけることはできます。例えばＡＮＡで羽田ー関西便の時刻表を見ると、使用する機材はボーイング７３７ー８００（１６６席）、ボーイング７８７ー８（３３５席）、エアバスＡ３２１（１９４席）とあります（２０２２年10月現在）。注目すべきはこの座席数。大きな差があるのがおわかりいただけると思います。当然、座席数が多ければ、乗り遅れたり、変更したりする方が多いので、空席待ちの方が乗れる可能性は高まります。時間帯と合わせて、チェックしてみてはいかがでしょうか。

第4章

空港で働くプロフェッショナルたち

乗客として空港を訪れると、グランドスタッフ以外にもたくさんの人が働いているのを目にされることと思います。あまりにも多岐にわたるため、彼らはどんな仕事をして、どこに所属しているのか、一見するとわからないもの。

ここでは、おおまかに〈飛行機の運航を支える〉〈空港の安全を守る〉〈空港の快適性を支える〉プロフェッショナルとして分類し、グランドスタッフ目線でご紹介していきましょう。

〈飛行機の運航を支える〉スタッフたちは、通常お客さまと言葉を交わすことはありません。搭乗ゲートで窓の外を見ると、これから搭乗する飛行機の下で、懸命に作業をするつなぎ姿のスタッフを見ることができると思います。彼らは整備士とはまた別の職業……？ また、〈空港の安全を守る〉仕事の代表格、手荷物検査場で検査を担当するスタッフはどこの会社に所属しているのでしょうか？ ラウンジでチェックインをしてくれるコンシェルジュはグランドスタッフなの……？ 旅慣れた方の、そんなちょっとした疑問にお答えできればと思います。

飛行機の運航を支えるプロフェッショナル

航空整備士

航空整備士の仕事は、安全のために機体を徹底的に整備すること。大きくわけると3つの整備シーンがあり、空港に到着した航空機を出発までに点検・整備するライン整備、機体を格納庫に収容して、1週間から1カ月程度かけて定期点検・整備をするドック整備、エンジンやコンピュータ系統の機器、油圧系統の部品の精密チェックを行うショップ整備があります。

一等航空整備士、二等航空整備士などのライセンスがあり、数年から10年単位に及ぶ研鑽のちに、働きながら段階的に資格を取得していきます。大学の工学部、航空専門学校、高校の専門科で学ぶなどが王道です。

グランドスタッフと航空整備士は、一見接点はなさそうですね。たしかに毎日会うことはありません。しかし、飛行機に不具合が発生したときには、軽微であればその場で整備士がチェック・修理を行います。飛行機の出発前に「機材のメンテナンス中です」という案内とともに、数十分ほどゲートで待たされた経験があるかもしれません。それがまさに整備士とグランドスタッフが接点を持つシーンです。ゲートを担当しているグランドスタッフは、機内で修理をしている整備士に、あとどのくらいの時間で修理が可能かを直接聞いて、その時間をもとにゲートで乗客にアナウンスをします。予期せぬ遅延のため、当然乗客は苛立ち、グランドスタッフを叱ることもありますが、スタッフは内心で「今、安全のためにメカさん（メカニック＝整備士から由来する愛称）が頑張ってるからお待ちください！」と応援しながら頭を下げています。

また、飛行機が格納庫に入っている様子をより間近でご覧になりたい場合は、航空会社が主催する見学イ

整備工場の見学ツアーでは、普段見られない飛行機の姿が見られる

ベントに参加するのがおススメです。各社WEBサイトから応募することができます。多くの場合は無料で、現場を熟知するパイロットやキャビンアテンダント、グランドスタッフ、整備士のリアルな話を聞くことができるかもしれません。

グランドハンドリングスタッフ

飛行機の運航支援にかかわる仕事をグランドハンドリング業務と呼び、またその仕事を担う人をグランドハンドリングスタッフまたはグランドハンドラーといいます。現場では親しみを込めて「グラハンさん」と呼ばれることも。

業務内容は多岐にわたります。パドルと呼ばれるうちわのような形状の道具を持って、飛行機を誘導するマーシャリング業務から、トーイング・プッシュバックといわれる、滑走路に向かってバックする航空機をトーイングカーで押し出す業務（ご存知のとおり、航空機は自力ではバックできないのです）、貨物の搭載や搬出業務、空港の搭乗口と航空機をつなぐPBB（パッセンジャーボーディングブリッジ、搭乗橋のこと）の運転などを行います。このあたりがグランドハンドリングスタッフとグランドスタッフの接点があるところで、飛行機

トーイングカーで飛行機を滑走路まで押し出すプッシュバック作業

のドアに、できるだけ段差なく接着させることができると双方笑顔です。また、ほかにもグランドハンドリングスタッフは飛行機の機体洗浄、除雪作業、機内の清掃なども担当しています。

グランドスタッフと同様に、グランドハンドリングスタッフも早朝・深夜を含めシフト制であることに加え、屋外での作業が多いため、夏は暑く、冬は寒いという宿命があります。以前は圧倒的に男性が多い職場でしたが、近年は女性も相当数に増えています。つなぎスタイルの制服を着て縦横無尽に制限区域で活躍する姿を見ると「力仕事なのかな?」と思われがちですが、大型特殊自動車免許やけん引免許など、業務に関連するさまざまな免許を働きながら取得して、特別な車を操作するのがおもなミッションのため、女性でも活躍することが可能です。入社前には、普通自動車免許は持っていた方がスムーズです。

さて、それでは現場において、グランドハンドリングスタッフとグランドスタッフはどのように協働しているのでしょうか？　じつは空港によっては両者が同じ会社で雇用されていることもあり、予想以上に連帯感はあるもの。

直接やりとりをする代表例は、搭乗ゲートでベビーカーなどの預かり荷物が急遽発生したときでしょうか。持ち込めると思ったけどサイズが微妙に大きい、飛行機に搭乗するギリギリまでベビーカーや車椅子を使用したい、などのときに、ゲートで預かる荷物が発生します。グランドスタッフがその場でタグをつけ、ＰＢＢの途中にある、屋外制限区域につながる階段のところまで運びます。無線で階下にいるグラハンさんに連絡をすると、取りに来てくれるという流れ。荷物が多いときは、一緒に階下まで荷物を運ぶこともあります。また、飛行機が到着する準備として、ＰＢＢの突端で、グラハンさんと一緒に飛行機が駐機スポットに入るのを待ちます。時間に余裕があるときは「今日も無事に到着してヨカッタですね」とか「このあと天候が荒れるみたいですよ」と世間話をすることも。制服は違いますが、一緒に飛行機の運航を支えている同志として、日々業務にあたっています。

ディスパッチャー

空にも、道路と同じように飛行機の通り道「航空路」があります。ただ、すべてのフライトが同様のルートをとっているとは限らず、天候や機材によっても変更があります。また、燃費も考えなくてはなりません。それらの要素を専門知識をもとに検討し、最適な飛行ルートを決定しているのがディスパッチャー（運航管理者）です。

ディスパッチャーは、ルート、高度、燃料の量などをまとめたフライトプランを作成し、フライトの1〜2時間前に行われるブリーフィング（打合せ）でパイロットに伝えます。運航中も、適宜パイロットと協議をし、プランを変更することもあります。

ディスパッチャーは、自社、あるいは自社が受託した提携航空会社の運航管理を担当します。そのため、航空会社それぞれに、ディスパッチャーが在籍しています。

ディスパッチャーになるためには、航空会社、あるいはその専門子会社に入社し、数年間の経験を積みます。その後、運行管理者の国家資格を取得し、社内審査を経て、晴れて一人前になることができます。グランドスタッフとは接点はほとんどありませんが、こちらも両者同じ会社で雇用されている場合もあり、お揃いの制服に身を包んでいることも。地上から飛行機を支えているという意識で結ばれています。

航空管制官

航空路や空港の滑走路の交通整理をしているのが、航空管制官と呼ばれる人々です。空港ではひときわ高く目立つ、管制塔から飛行機や滑走路を目視し、離着陸のタイミングを無線で指示します。

航空管制官は航空保安職のひとつ、すなわち公務員であり、航空管制官採用試験に合格しなくてはなりません。その後、航空保安大学校に入

無線を使用してパイロットと通信し、離着陸の順位付けや許可、経路や高度などの指示を出す（写真提供：国土交通省航空局）

校し8カ月間の基礎的な研修を受けたあとに、全国の空港や航空交通管制部に配属されます。

ケータリングスタッフ

国際線や一部長距離の国内線は、機内食の提供があります。機内食は、ケータリング会社によって調理、冷凍され、配膳に必要な数が出発前に搭載、セッティングされます。また、到着便からは乗客が食べた機内食を取り下ろし、トレーを工場に持ち帰って洗浄します。機内食のみならず、免税品なども搭載します。このようなすべてを担当するスタッフを、ケータリングスタッフと呼びます。

国内大手航空会社では、子会社としてケータリング会社を設立し、自社便の機内食はもちろん、外資系航空会社のケータリング業務も受託しています。

このような仕事内容を聞くと「調理師免許などが必要?」という疑問もわきますが、調理を担当するのはほかの会社なのでそれは必要ありません。ただし、意外に求められるのが英語力。機内食をセッティングする際に外資系航空会社のスタッフとやり取りをすることがあるので、コミュニケーションがとれると活躍の幅が広がる仕事です。

空港の安全を守るプロフェッショナル

税関職員

海外旅行から帰ってくると、空港で手荷物の確認をされた経験はないでしょうか？　さまざまな物品が非公式に持ち込まれることがないように、日夜水際で取り締まっているのが税関職員です。財務省に所属する公務員であり、おもなミッションは空港や港湾で違法なものが混入していないかを確認し、輸入する物品に対して法律で定められたとおりに税金をかけることです。したがって、ときにはランダムに旅客に声をかけ、手荷物を確認することもあります。ちなみにそれは海外フライトから帰ってくるパイロットやキャビンアテンダントも例外ではなく、税関職員はクルーたちの荷物に対しても、決められた免税範囲内かどうかなどを確認しています。

ほかにも空港でときどき見かける麻薬探知犬の育成、テレビ番組で特集されることも多い密輸入を防止する監視業務、不正薬物の鑑定など、業務は多岐にわたります。

空港で活躍する麻薬探知犬（写真提供：東京税関）

出国審査を行う入国審査官（写真提供：出入国在留管理庁）

海外旅行から帰ってきて、荷物をクンクンと嗅いで回る麻薬探知犬とハンドラー（犬とコンビを組む税関職員）に出会ったら、むしろちょっとラッキーと思って、小さなプロフェッショナルの活躍に目を細めてください。

入国審査官

国を出るとき、入るとき、パスポートにスタンプを押してくれる入国審査や出国確認。法務省の外局、出入国在留管理庁に所属する公務員です。おもなミッションは、日本に出発・到着する日本人や日本を訪れる外国人の出入国審査、日本に在留する外国人の在留資格審査、出入国管理を行い、日本の安全を守ること。公務員試験を突破する必要があります。パスポートやビザのチェックを行い審査をするため、当然コミュニケーションをとれる語学力も必要です。

グランドスタッフが彼らにお世話になるのは、おもにフライトが直前でキャンセルになったり遅延が決定したりするなどで、乗客の出国手続きを取り消さなくてはならないときです。

保安検査員

　空港の保安検査場で、手荷物を検査する仕事です。旅客が機内に持ち込む手荷物を、X線にかけて危険物がないかつぶさに確認します。時間がない旅客もいるなかで、安全運航に欠かせない作業を、正確に、丁寧に行うスキルが求められます。

　検査場でのチェックは、年々精度を上げています。それは高精度のX線検査機が導入されているのと同時に、チェックする検査員のスキルの向上もあります。

　保安検査場は、空港の安全を守る大切な関所の役割ですが、トラブルが多いことも想像していただけると思います。手荷物のなかには、意図せず危険なもの、機内に問答無用で持ち込めないものも。たとえば花火、たくさんのライター、小さなナイフがついたキーホルダーなど。そういったものを保安検査員が発見し、乗客に廃棄の交渉をします。ご納得いただけない場合や、空港で預かる場合などは、グランドスタッフが駆け付けて相談のうえ、対応することも。「空の安全のため、お互い大変ですよね」という連帯感の会釈がしばしば交わされます。

空港の快適性を支えるプロフェッショナル

ラウンジスタッフ

空港内には、ファーストクラスやビジネスクラスの旅客、上級マイレージ会員を対象とした、航空会社が運営するラウンジと、空港ビルやクレジットカード会社などが運営するラウンジがあります。前者は航空会社のグランドスタッフが接客をしています。こちらのラウンジは、航空会社がリピーターに向けたサービスとして運営しているため、チェックインや乗り継ぎの相談ができたりと、搭乗までのよりシームレスなサービスを受けることができます。一方、後者のラウンジでは、派遣会社などを通じて雇用されたスタッフが勤務していて、グランドスタッフではないのでチェックイン業務などは行うことはできません。空港が好きな人や、将来はグランドスタッフやキャビンアテンダントを目指している人も多い職場です。

インフォメーションカウンタースタッフ

空港には旅客を迎える総合案内カウンターがあり、皆さんもお世話になったことがあるかもしれません。このカウンターで扱う情報はさまざま。空港全体から、市街地への移動の仕方、周辺の観光スポット、宿泊施設など、情報の間口が非常に広いのが特徴です。じつはグランドスタッフも仕事に余裕があるときに、以前乗客に尋ねられてわからなかったご質問の内容を聞きに行くことも。また、航空会社を問わない時刻表などは、自社以外のスケジュールを知りたいときに重宝するため、いただいて制服のポケットに入れているスタッフが多数でした。

インフォメーションカウンタースタッフは、航空会社とは関係なく採用されています。大きな空港では、空港ビル会社が採用をするところも。また、中規模以下の空港では、派遣会社が雇用したスタッフが業務に就くなど、内情はさまざまです。

いずれの場合も、接客に適性のある、語学力を持っている方に人気の仕事です。

ショップスタッフ

空港には、免税ショップがあったり、美味しいレストランや高感度なスイーツショップが並んでいたり、さまざまな魅力的なお店がありますね。そんな空港内の店舗スタッフのなかにも、飛行機を身近に感じ、お客さまの旅の演出をしたいという人は多いもの。空港では、そんな気持ちを持ったスタッフの接客に身を委ねてみてください。

蛇足ですが、航空会社で働くスタッフには、空港内の店舗で利用できる「スタッフ用メニュー」や割引特典があり、ちょっぴりお得に食事やショッピングをしています。空港で、隣に航空会社のスタッフがいたら、そうっとメニューを見てみてください。もしかして一品おかずが多いかもしれません。

「空港で働くプロフェッショナル」をひと通りグランドスタッフの目線でご紹介しましたがいかがだったでしょうか？　意外にも、接点がある仕事も多いのがおわかりいただけたかと思います。

私が働いていて、日々実感したことは、空港というのは極めて専門的な異なる職種のメンバーが協働する場所であるということ。空港という建物に、一般企業ではちょっと考えられないくらいさまざまな職種の人がひしめいています。

そしてそれぞれが、安全に、定刻に飛行機を運航させるために、地道に、緊張感を持って働いています。真剣であるがゆえに、ときにはびっくりするほどお互いに厳しい口調や態度で意見を言い合うことも。私も最初は自信のなさや、悪く思われたくないという潜在意識のために、ほかの業種のスタッフに強く主張ができなかったことがあります。しかし、それで不利益を被るのはお客さま。そして万が一のことが起こったときに「責任を取る」などとは口が裂けても言えないくらい重い

空港には数え切れない「物語」がある

ミッションを担っています。そのことを自覚したときに、空港で働くプロ同士、矜持を持って自分の職域の責任を全うしよう、そのための衝突や話し合いを恐れてはいけないと思いました。

おそらく、空港で働く全員がその気持ちを抱いて、今日も現場に立っています。それがきっと揺るぎない連帯感となって、彼らに壮大なチームプレーをさせているのだと思います。日本の空港がさまざまな世界ランキングで上位に入ることは、その証左といえるでしょう。

Column

パイロットってどんな人？

航空業界の花形職業、パイロット。本書では、空港内で働くプロフェッショナルを紹介しているので、ご紹介の対象外ではありますが、ここで少し「どんな人がこの仕事についているの？」という疑問にお答えできればと思います。

ご存じのとおり、旅客機は機長と副操縦士の2人で乗務します。一般的には「コックピットにパイロットが2人いる」というイメージかもしれませんが、じつは機長こそがそのフライトの唯一絶対の責任者であり、副操縦士はそれを支えるポジションです。したがって、両者には大きな違いがあるといえるでしょう。機長（キャプテン）の制服の袖には4本のラインが入ります。副操縦士（コーパイ）の袖口には3本。空港ですれ違ったときにぜひ見てみてください。とはいえ、操縦は交互に行います。あくまでも責任者は機長ということですね。

彼らは、パイロットになってからも定期的に厳しい身体検査が課されます。勉強と訓練、身体検査をパスして仕事を続けていく必要があるのです。資格は、国土交通大臣が認めるライセンスと、無線従事者の2つが必要です。操縦のライセンスは自家用操縦士、事業用操縦士、定期運送用操縦士があり、パイロットとして仕事をするには事業用操縦士以上の資格が必須です。

航空会社のパイロットになるルートは航空大学校、パイロット養成課程のある大学、航空学科のある専門学校で学び、航空会社のパイロット訓練生として採用されるのが一般的です。航空大学校からの受験が、採用の可能性が高いといわれています。まったくのゼロからでも、自社養成パイロット候補生として新卒・既卒で採用されればパイロットになることができますが、ときに数万人の応募があるなかで数十人の採用のため、心技体揃った逸材だけが突破できる、非常な難関です。

少々堅い話が続いてしまいました。では実際のパイロットは、どのようなタイプの人が多いのでしょうか？　グランドスタッフ時代に、地上研修のため空港で働いていたパイロット訓練生は「パイロットってちょっと威張ってて、プライベートは派手なんじゃないの？」なんていう先入観を覆す人たちでした。グランドスタッフの仕事は、彼らにとっては一時的。手を抜こうと思えば、もしかして可能だったかもしれません。しかし、

「飛行機が好き、空港が好き」というのは皆共通した思いであり、業務に邁進していました。彼らはパイロット訓練生であることを鼻にかける様子もなく、航空会社の社員として汗を流していたので、グランドスタッフの先輩との絆も深く、職場でも可愛がられ、やがて戦力として頼られていました。

パイロットの採用試験は非常に難関で、数百倍の倍率はザラです。そのような厳しい選抜を突破してくるのはどういう人なのか、個人的にも興味がありました。率直にいって、能力のバランスがとても整っている人たち、という印象でした。頭脳だけではなく、丈夫な体、安定して穏やかな心、協調性、精神力……さまざまな要素の平均点がとても高い。なにかひとつだけが異能の才、というよりも、社会人としての常識や協調性と、高い能力を併せ持つ人が多いと思いました。会社も優れた人材を探してくるものだなあ、と感心したものです。

特別だけど、特別じゃない人たち。それがパイロットだと思います。

また、幸いにもパイロットの友人がたくさんできたことで、その後どのような生活なのかを見聞きするチャンスにも恵まれました。

パイロットは、フライトに従事する限りは労働時間が極めて不規則。カレンダーも関係ありません。国際線を飛ぶようになれば、時差もあります。そのような生活を長年続けるために、パイロットは極めてストイックです。健康管理能力に長けていて、ステイ先でも運動し、食事や飲酒にも気を配っています。定期的に行われる厳しい身体検査で、異常があれば即乗務停止ですから、当然のことですが、その厳格な生活を見るにつけ「本当に空を飛ぶこと、パイロットという仕事が好きなんだな」と感じます。ある人は「小さい頃からパイロットになりたかった。俺は、飛べなくなったらダメなんだ。パイロットだから頑張れたことがたくさんある。ずっと飛びたい」とニコニコ語っていました。日頃、あまり強い主張をしない人たちなので、その秘めた熱い思いを感じると、嬉しく、応援する気持ちがわきますね。

また、近年では女性のパイロットも少しずつですが登場しています。大手航空会社の自社養成パイロットの採用でこのような動きがあることは、パイロット業界の女性進出を大きく後押しするでしょう。

Column

青田買いされるパイロットたち

航空業界同士のカップルが意外に多いことは、第3章でも触れました。不規則なシフト勤務同士、理解もあり、ゴールインする確率も高めです。結婚式では有名な「寿アナウンス」と呼ばれる、機内アナウンスをもじった現役スタッフによる余興を目にしたことがある方もいるのではないでしょうか。

あくまでも印象ではありますが、やっぱりモテるのがパイロット。あの制服に身を包み、キャリーを引いてコックピットに入っていく姿はカッコイイですよね。当然、キャビンアテンダントやグランドスタッフもパイロットを「狙って」いる人は少なくありません。

「パイロットと結婚するのはやっぱりキャビンアテンダント?」と思うかもしれませんが、意外にそうとも限りません。パイロットのなかにはとても社交的なタイプもいて、芸能人や女子アナと合コンし、ゴールインする人も。「女優さんやアナウンサーが、航空会社のパイロットと結婚」というニュースをご覧になったこともあるでしょう。私の知人でも、両方のパターンがありました。華やかなカップルの結婚式は大盛り上がりです。

そして意外に多いのが、パイロットとグランドスタッフのカップル。「え？　どこで出会うの？」と思われるかもしれませんね。じつは大手航空会社では、パイロットは訓練に入る前に、社会人として、航空会社社員としての心得を学ぶべく、数カ月から半年ほどの研修を行います。ここでまだ右も左もわからない若きパイロット訓練生が、女性社会のなかに放り込まれるわけです。歴代彼氏がみんなパイロット、という猛者もいる職場で、ちょっとした争奪戦があり（笑）、何組かは婚約、チェックアウト（訓練を終え、パイロットとして独り立ちすること）と同時に結婚というカップルがいます。空に行ってしまうと、そこはそこでキャビンアテンダントによるパイロットの争奪戦があるので、地上にいる間に捕まえる、というわけですね。ちょっと茶化して書いてしまいましたが、実際には飛行機を愛する者同士、やはり共通点も多く、また同じ航空業界にいるものとして、パイロットがいかに孤独に重責を担っているか、訓練がいかに過酷かを知っているので、キャビンアテンダントやグランドスタッフは普通以上にパイロットをリスペクトする気持ちがありますから、とっても素敵な夫婦になることが多いようです。

余談ですが、パイロットと結婚したいならば究極の青田買いの方法があります。それは、宮崎県にある航空大学校時代に未来のパイロットに出会うというもの。航空大学校の卒業生の多くが大手航空会社のパイロットになるので「奥さんは宮崎で出会いました」と聞くと、「誠実なパイロットなのねえ」と微笑ましく語られることもあります。

最終章

アフターコロナの空港と航空業界

２０２０（令和２）年に始まった新型コロナウイルス感染症の拡大によって、多くの産業がダメージを受けました。残念ながら、そのなかでも最大級に影響を被ったのが旅行・航空業界でした。

人の動きを抑えるしかない局面は予想以上に長期間に及び、タイ航空のようにナショナルフラッグキャリアが経営破綻したり、大韓航空とアシアナ航空が合併したりと、ショッキングなニュースが駆け巡りました。

日本も例外ではなく、ＪＡＬ、ＡＮＡをはじめとした多くの会社が緊急避難的に社員を出向させるなどの措置をとり始めました。キャセイパシフィック航空やアメリカの航空会社のように、従業員をリストラすることで存続の道を探るキャリアもありましたし、日系エアラインのようになんとか雇用を守るために、さまざまな制度を構築することで、冬の時代をしのごうとするキャリアもありました。グランドスタッフやキャビンアテンダントの半分ほどは、一般企業に半年から1年ほど出向したという話をたくさん聞きました。日本が多少幸運だったのは、たとえばシンガポールやタイのように国内線の需要が少なく、国際線、とくに観光路線への依存が高い国に比べると、国内線の需要が多かったことでした。

２０２２（令和４）年になると、ようやく、かすかに回復の兆しが見え始めます。

３月期連結決算を見ると、ＡＮＡは２０２１年度は４０４６億円、２０２２年度は１４３６億円の最終赤字、ＪＡＬは２０２１年度は２８６６億円、２０２２年度は１７７５億円の最終赤字です。

しかし徐々に回復し始め、２０２２（令和４）年の８月１日に発表された、４～６月期でＡＮＡが四半期として３年ぶりの黒字に、ＪＡＬも赤字幅が大幅に縮小しました。国内線はコロナ禍以前と比較して８～９割ほど回復の見込みで、国際線も４～５割程度回復しつつあります。

国際的な航空連合であり、世界の航空会社の約８割が加盟するＩＡＴＡによると、２０２４（令和６）年には、国際線も回復の見込みが立っていますが、一方で、新しい感染症が一部地域で流行し、日本でも２０２２（令和４）年の夏の時点でコロナ感染第７波の影響など、不安要素がないわけではありません。

それでも航空業界で働くスタッフには「底を打った」感覚があり、予想よりもずっと前向きな話を聞くようになりました。

航空業界を待ち受ける新しい課題

一方、コロナ禍のように偶発的に起きた課題とは別に、航空業界に迫る危機があります。脱炭素を実現するうえで欠かせない代替燃料「ＳＡＦ」（Sustainable Aviation Fuelの略。持続可能な航空燃料）をめぐる世界的争奪戦です。

世界が脱炭素へと舵を切るなかで、航空機が排出する二酸化炭素は、人類全体が排出する総量の２～３％を占めるといわれており、看過できない課題です。次世代の燃料として期待されるＳＡＦは化石燃料と違って、原料は石油ではありません。トウモロコシなどのバイオマス由来のものや、食品廃棄物や廃プラスチックなど、さまざまな原料から開発されています。これらの次世代燃料は、製造過程を含めたトータルで従来の化石燃料より80％程度、二酸化炭素の排出量削減が可能といわれています。２０５０（令和32）年までに「カーボンニュートラル」、すなわち二酸化炭素排出量実質ゼロを掲げる航空業界にとって切り札と考えられているのが、ＳＡＦなのです。

化石燃料とＳＡＦの使用サイクル

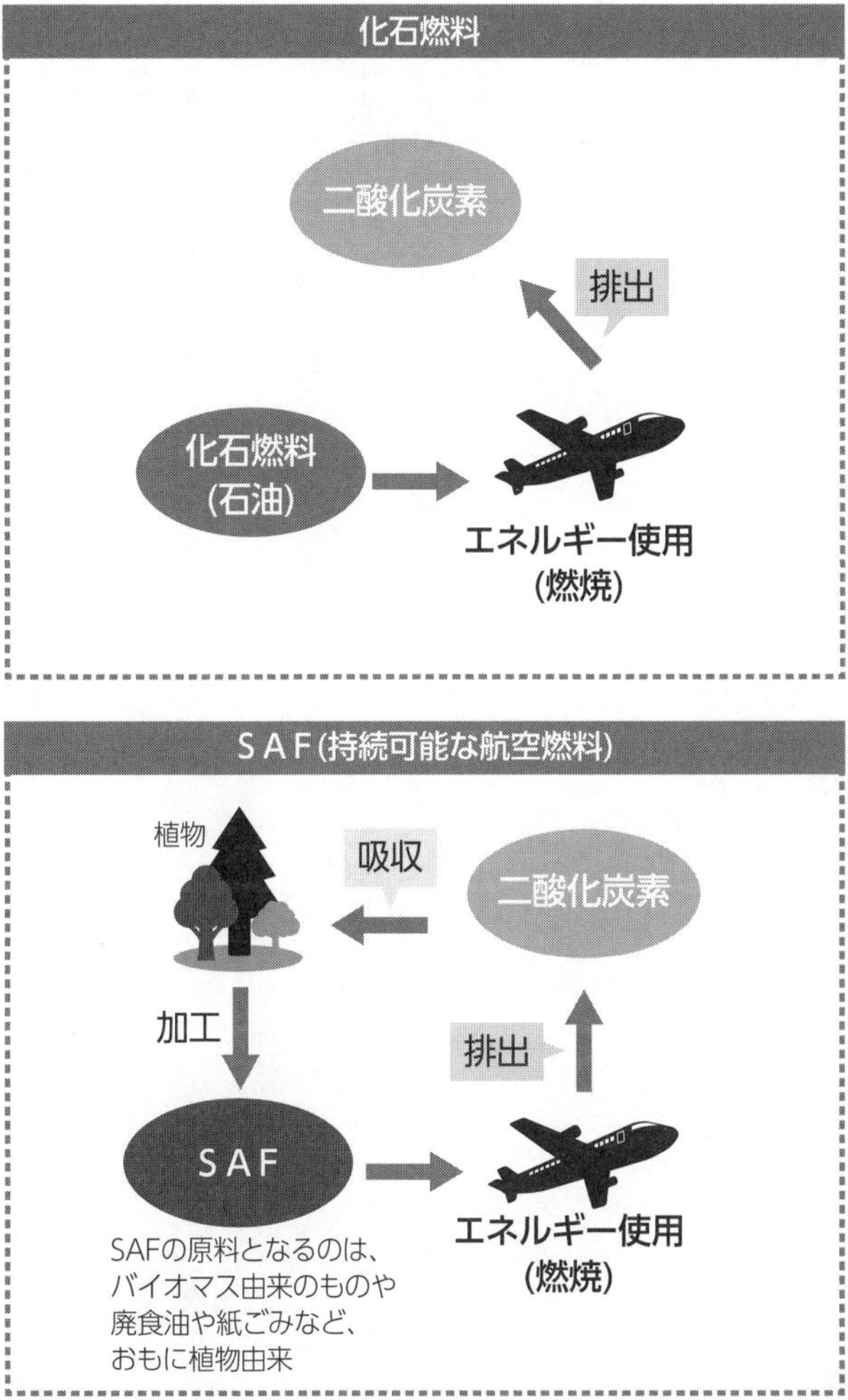

それではこれらの動きが空港のオペレーションに与える影響を考えてみましょう。ボーイングやエアバスをはじめとした航空機メーカーは、燃料変更のために壮絶な開発競争を繰り広げています。現在使用している化石燃料を動力源とした航空機では給油システムや、航空機の燃料タンクの構造を変えなくてはならないため、場合によっては空港の構造から変更する必要があります。途方もない工程ですが、解決策を見出すために航空会社、航空機メーカー、燃料を扱う会社などが一丸となって前進しています。

まだ始まったばかりですが、ゆくゆくはオートメーション・ＡＩ化の波とともに、使用燃料の変化は空港のスタッフの仕事にも少しずつ影響を及ぼすでしょう。変化に柔軟に対応することが求められます。

すすむ航空業界のM&A

コロナ危機に限らず、世界的に航空業界を試練が襲うたび、企業間のＭ＆Ａ（合併と買収）が行われてきました。２００４（平成16）年、エールフランスとＫＬＭオランダ航空が経営統合、共同持株会社の傘下になりました。２００８（平成20）年、アメリカのデルタ航空とノースウエスト航空が合併。２０１０（平成22）年、ユナイテッド航空とコンチネンタル航空が合併。コロナ禍では、２０２０年には大韓航空がアシアナ航空を買収しました。

このような統合は、航空会社にはどのようなメリットがあるのでしょうか。来るべき、激化の一途をたどる世界的な燃料の争奪戦は、当然ロットが大きいほうが有利です。部品の調達にしても同様です。また、Ｍ＆Ａを行うことで、自社ブランドの就航エリアの拡大にも繋がります。新規顧客獲得のきっかけにもなりますし、マイルサービスのネットワークを共有できるので、顧客側にもメリットがあります。

では、お隣の国の韓国がそうしたように、日本の大手2社がＭ＆Ａという可能性はあるのでしょうか？

コロナ禍で業績が不振になったとき、マスコミでは「ＪＡＬとＡＮＡが合併するのでは？」という意見も散見されました。しかし、これはすんなりとはいかないいくつかの事情があります。まず、ＪＡＬとＡＮＡがひとつの会社になってしまうことで健全な競争が行われない場合、極端な話をすれば航空券は値上がりする可能性があります。市場の独占状態となってしまうのは、顧客の利益を損なう可能性もあるのです。また、戦後、ともに競い合い、大きく成長してきた2社ですから、当然それぞれの企業風土には違いがあり、単純にM&Aをしたからといってうまくいくかどうかは未知数です。かつてJALとJAS（日本エアシステム）が統合したときには、企業風土の違いはもちろん、扱う飛行機の種類やオペレーションシステムがまったく異なるため、スタッフが同じように仕事をするためには相当の年月と労力を必要としました。JALとANAが合併した場合は、それ以上のすり合わせが必要となるでしょう。

とはいえ、そのような課題を乗り越えた世界的な先例は、前述のようにいくつもあります。また、カーボンニュートラルを目指すなかで、日本は欧米に比べて遅れを取っていることも事実であり、今後一層の改革が必要です。M&Aとはいかなくとも、燃料を確保するシステムで協働し、2社が協力して世界的な燃料争奪戦に臨むということも考えられるかもしれません。

日本のエアラインはコロナ危機をどう乗り切ったのか

大局についての話が続きましたが、日本の航空会社がコロナ禍をどのようにしのいでいたのか、本書の主役であるグランドスタッフや、キャビンアテンダントの生活の変化を中心に見てみましょう。

現場のグランドスタッフは、もしかして乗客が減って仕事がラクになった部分もあるのか、と思いましたが、それは早合点でした。

「羽田空港は、これまで見たこともないくらいガラガラに。早朝や深夜、出退勤のときのロビーなのかと見まごうほどの閑散とした様子に、胸がつぶれそうな気持ちになりました。お正月やゴールデンウィークに満席続きだと、大変だなあと思っていたものですが、それがいかに幸せなことだったのか……お客さまのいない空港、乗っていない飛行機は本当に淋しいものでした。また、お客さまが減ってしまったからといって仕事がラクになったかというとまったくそんなことはありません。絞りに絞られた人数で、消毒や普段と異なるご案内、動線、備品などを用意する必要があり、とても忙しい日々でした。そのうえ、刻一刻と変わる状況に対応するために勉強、勉強の日々。お客さまが戻ってきてくださったときのためにサービススキルを落とすわけにはいかないので、接客回数が減ってしまうなかでそれをキープするのにも苦労しました」（日系航空会社グランドスタッフ）。

一方で、一時的に出向や休職を余儀なくされたスタッフもいます。前述のとおり、日本の航空会社ではリストラという方法ではなく、給与カット、フライトやシフトの調整、休職、出向などあらゆる手をとってきました。

「私はキャビンアテンダントですが、一般企業のコールセンターに出向をしました。辞令は突然でしたので、戸惑いもありましたが、新しいスキルを身につけ、他社の企業風土を肌で感じるチャンスだと前向きにとらえるようにしました。ちなみに出向は1年というお話でしたが、もう半年延長されています」（日系航空会社キャビンアテンダント）。

「グランドスタッフのうち、三分の一ほどが、休職や出向になりました。私は、地域の企業や学校に向けて、ビジネスマナー講座を開催している会社に出向し、その講師業務を担当していました。講師という経験もとても楽しく有意義でしたが、少し前にグランドスタッフとして復職して、やっぱり空港の接客は特別だなと思いました」（日系航空会社グランドスタッフ）。

「社員自身でひと月の勤務時間の割合を選ぶことができました。勤務時間をゼロにして、その代わりこれまでできなかった資格の勉強をする社員もいましたし、副業が解禁されたので、勤務の割合を半分にして他社でアルバイトをする社員もいましたね。当初はショックで悲観的なムードも広がりましたが、これを自身の成長のいいチャンスととらえている人もたくさんいます」（日系航空会社グランドスタッフ）。

取材で聞かれたのは、必ずしもマイナスな声だけではないのが印象的でした。もちろん、給与がカットされてしまい、生活が立ち行かないという理由で転職をした人もいました。それもまた英断だと思います。航空業界は、景気や天候、災害、世界情勢、さまざまな要因に左右されるという宿命があります。数年前まで、東京オリンピックを控え、業界全体は破竹の勢いだったのです。大手航空会社は新規路線を開設し、人材を大量に採用していました。しかし、そこにたったひとつの感染症が流行したことで、大きな、大きなダメージを負ったのです。いかに航空業界の未来を占うのが難しいかを表しています。そのような業界よりも、安定した業界に転職する人がいるのもうなずける話です。

それでも、明るい話題もあります。コロナ危機は世界的に見て収束の方向であり、その後には「大旅行時代」が訪れると唱える人もいます。また、旅客数が減少しているあいだに、航空会社を下支えした貨物輸送の需要は相変わらず高まっています。このような要素が、テレワークが増えて出張が減少傾向にあるという現状と、どのように「綱引き」をするのか。各社は予測をたてながら、よりその精度を上げて、ニーズに合致した供給を目指しています。

AI時代のグランドスタッフが目指すもの

近年空港に行くと、自動チェックイン機がずらりと並び、チェックインカウンターよりも多い印象を受けます。手荷物預け入れがオートメーション化していたりと、有人サービスが縮小傾向に見えます。LCCの台頭により、サービスも、必要最低限でいいと考える人が増えているのも事実。そのぶん、運賃競争が激しくなり、ますます人手を少なくする流れに……。

それは果たして事実でしょうか？　答えは、飛行機に乗る方々、皆さまの心のなかにあります。移動手段と割り切るときは、サービスは最低限でかまわない。運賃が安いのが一番です。でも、そうではない場面も、確実にあります。大切な家族と一緒に旅に出るとき。急病人が出て、不安な気持ちを抱えて帰省するとき。1人で子どもを連れて遠距離を移動しなくてはならないとき。寄り添ってくれるスタッフ、サービスを求めて、安心と快適性を併せ持つ航空会社を選びたくなるもの。それはすなわち、「人のサービス」に価値を置いているということ。

人生にはいろんなシーンがあります。その局面に合わせて、人が航空会社を選ぶ時代になりました。だからこそ、ＪＡＬやＡＮＡのようなフルサービスキャリアは、より一層その価値を出していかなくてはなりません。グランドスタッフに期待されるハードルは、じつは上がっているのです。高いお金を払うのだから、機械にない安心感、かゆいところに手が届くサービスを求めるのは当然のことですね。

航空業界を目指す方へ

２０２２（令和４）年は、ようやく航空会社各社で採用活動が復活した年でもあります。アフターコロナのこれからの時代に航空業界を目指す方々は、どのような資質を重視されるのでしょうか。

先ほど触れたように、いくらＡＩ化が進んだところで、とくにフルサービスキャリアに求められるおもてなしの水準が下がるとは考えにくい。むしろ「人」にしかできないサービスがより一層期待されているということです。

航空会社は、アフターコロナの採用活動に苦労しているのが実情です。学生に絶大な人気を誇ったＪＡＬやＡＮＡでさえ、応募人数はコロナ禍前に比べて減少傾向です。

しかしこれは志望者にとってはむしろチャンス。困難な時期を知る人が、それでも働きたいと企業に熱意を伝え、スキルを備えていれば充分に内定のチャンスがあるでしょう。

そこで見られることは、やはり原点回帰だと私は考えます。航空会社が探しているのは、いつの時代も、向上心があり、チームプレイでお客さまの安全を守りたい、最高のサービスをしたい、と願う真摯な人材です。ＡＩの力ではカバーしきれない「総合的な人間力」が依然として求められています。具体的には、多言語が話せる、厳しい時代に会社に貢献するマインドを備えている、問題解決能力が高い、などが挙げられるでしょう。

門戸はこれまでよりもさらに広く、さまざまなポジションにて「空に携わる仲間」を待っています。

おわりに

グランドスタッフと、空港で働く人々の舞台裏はいかがだったでしょうか。

この本を書くにあたり、何人もの方にお話を伺いました。そしてあらためて思うことは、「飛行機や空港には、人をワクワクさせる力がある」というシンプルなことです。それは、旅する人も、働く人も、同じこと。そういう幸運な職場が、空港でした。

取材するなかで、友人でもあるグランドスタッフの言葉が印象的でした。

「グランドスタッフは、一流のサービスを追求するのと同時に、公共交通機関の社員として、安全に正確にお客さまを目的地に運ぶという絶対の使命がある。そして、空港に来るのは、あらゆる世代・立場の人。お客さまのその幅広さ、目的の多様性に対応するグランドスタッフは、ある意味究極の接客業といえるかもしれないし、とてもハードな職場になる。でも、自分の知識や心を総動員してお客さまの安全を第一に、一流のサービスを追求することにやりがいを感じられれば、こんなに面白くて刺激的な仕事はないと思う」

それはまさに、私がこの仕事を内外から見つめて感じてきたこと。

今、航空業界は困難と激動の時代を迎えています。分析をしていけば、困難の数のほうが多いかもしれません。

しかし、そんな予想を覆して、旅客数は予想を上回るスピードで回復しています。単純に「飛行機に乗りたい」「飛行機が便利で早い」「旅行に行きたい」という乗客の気持ちが、悲観的な分析を上回っているといえるでしょう。

コロナ禍で出向や休職をしたグランドスタッフたちからも、前向きな言葉がたくさかれました。そして、皆が共通して語ったのは、「ほかの仕事も楽しかったけれどいう言り空港でお客さまと会えるのが最高。1日も早くグランドスタッフに戻りた葉。

アフターコロナで立ち返ったのは、とてもシンプルな想いでした。私も、飛行機に乗るたびにこう思います。

次は飛行機で、どこに行こうかな？

最後になりましたが、本書を執筆するにあたっては、交通新聞社の太田浩道さま、坂原茉莉子さま、「現場を見ていらしたのかな?」と思うほどぴったりなイラストを描いていただいたイラストレーターのさとうみゆきさまに、大変お世話になりました。これまであまり語られることのなかったグランドスタッフという仕事の舞台裏について書かせていただけたこと、心より感謝申し上げます。

本書が、皆さまの空の旅に、少しでも彩りを添えられることを祈っています。

令和4年11月　佐野倫子

佐野倫子　Sano Michiko
1979年東京都生まれ。早稲田大学卒。JALのグランドスタッフ(羽田空港勤務)、イカロス出版で『月刊エアステージ』の雑誌編集を経てフリーの編集者・作家・ライターへ。講談社WEBマガジン『ミモレ』、幻冬舎『ゴールドオンライン』、『東京カレンダー』WEB、などで記事を多数執筆するほか、客室乗務員や羽田空港を題材にした小説も執筆中。近著に『天現寺ウォーズ』(イカロス出版)がある。
Instagram@michikosano57

交通新聞社新書167
知られざる空港のプロフェッショナル
グランドスタッフの舞台裏
(定価はカバーに表示してあります)

2022年12月15日　第1刷発行

著　者――佐野倫子
発行人――伊藤嘉道
発行所――株式会社交通新聞社
https://www.kotsu.co.jp/
〒101-0062　東京都千代田区神田駿河台2-3-11
電話　(03) 6831-6560 (編集)
(03) 6831-6622 (販売)

カバーデザイン―アルビレオ
印刷・製本―大日本印刷株式会社

ISBN978-4-330-05822-1